全国高等学校外语教师丛

U0627319

Microgenetic Method in Applied Linguistics

应用语言学中的
微变化研究方法

周丹丹　著

外语教学与研究出版社
FOREIGN LANGUAGE TEACHING AND RESEARCH PRESS

图书在版编目（CIP）数据

应用语言学中的微变化研究方法 ／ 周丹丹著 . –– 北京 ：外语教学与研究出版社，2012.6（2018.6 重印）

（全国高等学校外语教师丛书 . 科研方法系列）

ISBN 978–7–5135–2076–8

Ⅰ . ①应… Ⅱ . ①周… Ⅲ . ①应用语言学－研究方法 Ⅳ . ①H08–3

中国版本图书馆 CIP 数据核字 (2012) 第 117028 号

出 版 人　徐建忠
项目负责　段长城
责任编辑　金　玲
封面设计　覃一彪　华　艺
出版发行　外语教学与研究出版社
社　　址　北京市西三环北路 19 号（100089）
网　　址　http://www.fltrp.com
印　　刷　北京九州迅驰传媒文化有限公司
开　　本　650×980　1/16
印　　张　14
版　　次　2012 年 6 月第 1 版 2018 年 6 月第 5 次印刷
书　　号　ISBN 978–7–5135–2076–8
定　　价　51.90 元

购书咨询：(010) 88819926　电子邮箱：club@fltrp.com
外研书店：https://waiyants.tmall.com
凡印刷、装订质量问题，请联系我社印制部
联系电话：(010) 61207896　电子邮箱：zhijian@fltrp.com
凡侵权、盗版书籍线索，请联系我社法律事务部
举报电话：(010) 88817519　电子邮箱：banquan@fltrp.com
法律顾问：立方律师事务所　刘旭东律师
　　　　　中咨律师事务所　殷　斌律师
物料号：220760101

目　录

总　序

　　"全国高等学校外语教师丛书"是外语教学与研究出版社高等英语教育出版分社近期精心策划、隆重推出的系列丛书，包含理论指导、科研方法和教学研究三个子系列。本套丛书既包括学界专家精心挑选的国外引进著作，又有特邀国内学者执笔完成的"命题作文"。作为开放系列，该丛书还将根据外语教学与科研的发展不断增加新的专题，以便教师研修与提高。

　　笔者有幸参与了这套系列丛书的策划工作。在策划过程中，我们分析了高校英语教师面临的困难与挑战，考察了一线教师的需求，最终确立这套丛书选题的指导思想为：想外语教师所想，急外语教师所急，顺应广大教师的发展需求；确立这套丛书的写作特色为：突出科学性、可读性和操作性，做到举重若轻，条理清晰，例证丰富，深入浅出。

　　第一个子系列是"理论指导"。该系列力图为教师提供某学科或某领域的研究概貌，期盼读者能用较短的时间了解某领域的核心知识点与前沿研究课题。以《二语习得重点问题研究》一书为例。该书不求面面俱到，只求抓住二语习得研究领域中的热点、要点和富有争议的问题，动态展开叙述。每一章的写作以不同意见的争辩为出发点，对取向相左的理论、实证研究结果差异进行分析、梳理和评述，最后介绍或者展望国内外的最新发展趋势。全书阐述清晰，深入浅出，易读易懂。再比如《认知语言学与二语教学》一书，全书分为理论篇、教学篇与研究篇三个部分。理论篇阐述认知语言学视角下的语言观、教学观与学习观，以及与二语教学相关的认知语言学中的主要概念与理论；教学篇选用认知语言学领域比较成熟的理论，探讨应用到中国英语教学实践的可能性；研究篇包括国内外将认知语言学理论应用到教学实践中的研究综述、研究方法介绍以及对未来研究的展望。

　　第二个子系列是"科研方法"。该系列介绍了多种研究方法，通常是一本书介绍一种方法，例如问卷调查、个案研究、行动研究、有声思维、语料库研究、微变化研究和启动研究等。也有的书涉及多种方法，综合描述量化研究或者质化研究，例如：《应用语言学中的质性研究与分析》、《应用语言学中的量化研究与分析》和《第二语言研究中的数据收集方法》等。凡入选本系列丛书的著作人，无论是国外著者还是国内著者，均有高度的读者意识，乐于为一线教师开展教学科研服务，力求做到帮助读者"排忧解难"。例如，澳大利亚安妮·伯恩斯教授撰写的《英语教学中的行动研究方法》一书，从一线教师的视角，讨论行动研究的各个环节，每章均有"反思时刻"、"行动时刻"等新颖形式设计。同时，全书运用了丰富例证来解释理论概念，便于读者理解、思考和消化所读内容。凡是应邀撰写研究方法系列的中国著作人均有博士学位，并对自己阐述的研究方法有着丰富的实践经验。他们有的运用了书中的研究方法完成了硕、博士论文，有的是采用书中的研究方法从事过重大科研项目。以秦晓晴教授撰写的《外语教学问卷调查法》一书为例，该书著者将系统性与实用性有机结合，根据实施问卷调查法的流程，系统地介绍了问卷调查研究中问题的提出、问卷项目设计、问卷试测、问卷实施、问卷整理及数据准备、问卷评价以及问卷数据汇总及统计分析方法选择等环节。书中各个环节的描述都配有易于理解的研究实例。

第三个子系列是"教学研究"。该系列与前两个系列相比，有两点显著不同：第一，本系列侧重同步培养教师的教学能力与教学研究能力；第二，本系列所有著作的撰稿人主要为中国学者。有些著者虽然目前在海外工作和生活，但他们出国前曾在国内高校任教，期间也经常回国参与国内的教学与研究工作。本系列包括《听力教学与研究》、《写作教学与研究》、《阅读教学与研究》、《口语教学与研究》、《翻译教学与研究》等。以《听力教学与研究》一书为例，著者王艳博士拥有十多年的听力教学经验，同时听力教学研究又是她完成博士论文的选题领域。《听力教学与研究》一书，浓缩了她多年来听力教学与听力教学研究的宝贵经验。全书分为两部分：教学篇与研究篇。教学篇中涉及了听力教学的各个重要环节以及学生在听力学习中可能碰到的困难与应对的办法，所选用的案例均来自著者课堂教学的真实活动。研究篇中既有著者的听力教学研究案例，也有著者从国内外文献中筛选出的符合中国国情的听力教学研究案例，综合在一起加以分析阐述。

教育大计，教师为本。"全国高等学校外语教师丛书"内容全面，出版及时，必将成为高校教师提升自我教学能力、研究能力与合作能力的良师益友。笔者相信本套丛书的出版对高校外语教师个人专业能力的提高，对教师队伍整体素质的提高，必将起到积极的推动作用。

文秋芳

北京外国语大学中国外语教育研究中心

2011 年 7 月 3 日

前　言

　　微变化研究法（microgenetic method）是近年认知心理学领域中兴起的一种研究方法。该方法主要用于探究认知发展的轨迹与机制，侧重研究群体或个体发展过程中的变异性。相比较于传统的横向研究法和纵向研究法，微变化研究法直接观察正在发生的变化和考察变化的不同方面，具有直接、全面、灵活等优势。迄今，已有多种国际权威杂志刊登了与这一研究方法相关的研究论文。随着微变化研究法在认知科学领域的不断发展，该方法必定会在其他相关领域得到越来越广泛的运用，最终会成为一种不可或缺的主流研究方法。文秋芳（2003）就曾指出，该方法在二语习得研究领域也具有广泛的应用前景。

　　人类语言的发展和人类认知能力密切相关，长久以来备受语言学、心理学、哲学等各类学科的关注。已有相关理论对儿童语言发展作出了阐述，而微变化研究法从一个全新的角度，利用实证研究的结果，对语言发展进行了新的诠释。Siegler（2002）根据微变化研究的系列成果，提出了关于人类认知能力发展的理论。强调人类认知发展的不均衡性和变异性，期间交杂着循环反复、交叉重叠，异常复杂。该理论丰富了人们对自身认知能力的了解，是对传统认知理论的极大挑战。

　　进入 21 世纪，强调人类语言能力具有复杂性、动态性和变异性的趋势在二语习得研究领域显得更为明显。动态系统理论（Dynamic Systems Theory）非常明确地指出语言系统就是一个典型的动态系统，语言发展具有动态性、复杂性和变异性等特点。微变化研究法强调语言能力变化的复杂性和不可预知性，其倡导的研究变化的方法和动态系统理论阐述的变化的特质完全吻合。从某种程度上来说，微变化研究法体现了新兴理论视角下的新型方法论模式，为探究语言发展提供了全新的研究方法。

　　早在 2003 年文秋芳教授率先在《现代外语》将微变化研究法向国内研究

人员做了详细的介绍，把微变化研究法比作"微雕艺术"，称其为"很精致，很耐看"（文秋芳，2003：317），并且倡导国内研究人员更多地了解并使用这种研究方法，可以弥补传统横向研究法和纵向研究法的某些不足，成为传统研究法的有益补充。

随后，国内部分研究人员开始尝试使用该研究方法进行了一些研究，但是这些研究的数量非常有限，而且国内研究人员对于该方法也缺乏系统了解和深入研究。本书将结合一些具体的研究实例对微变化研究方法进行详细、综合的介绍，以期能够让更多的研究人员了解它，掌握它，使用它。本书所选取的研究实例都是运用微变化研究法进行的典型案例，涉及的领域包括儿童认知能力研究、社会语言学研究、二语词汇和阅读研究以及口语能力研究等等。这些研究突出了微变化研究的特点和要素，涵盖了微变化研究在不同研究目的和条件下的应用。结合这些研究实例，本书作者对研究的每个步骤都进行了详细的解读，用浅显易懂的语言分析了实施微变化研究各个阶段的注意要点，为初次接触该研究方法的读者提供了全面细致的介绍和方便实用的指导。

本书一共分为八章。第一章概要地介绍微变化研究法，让读者对该方法的历史现状和发展有个整体的了解。第二章讨论该研究方法在理论和方法论上的贡献和局限性。该部分深入浅出地将和微变化研究法相关的理论来源和最新的理论进展做了回顾和总结，并且和传统研究方法在方法论上进行了对比，从宏观的角度对微变化研究的重要意义进行了阐述。第三至第七章分别用国外和国内的研究实例分析了微变化研究方法的使用。分析全面系统，语言平实易懂，信息量大，实用性强。第八章总结了微变化研究方法在实施过程中的注意事项并且指出了微变化研究法的应用前景。在这章中，作者联系了自己运用微变化方法开展研究的心得体会，帮助读者对该方法的实施有更加直观和感性的认识。

本书的写作和出版得到了许多关心我的老师、家人、朋友的帮助，在本书出版之际，借此机会对所有给予我帮助的人们表示衷心感谢。我首先要感谢的是我的导师文秋芳教授，她不仅以独到的眼光将微变化研究法介绍到国内，而且鼓励我使用该方法完成了我的博士论文。她自始至终给予了我无私的指导和适时的鞭策，从资料的收集到本书的设想、写作和修改，没有文老师的支持，所有这一切都无法得以顺利完成。我还要感谢我在南京大学外国语学院的领导和同事们，在他们的热情鼓励和支持下，我得以在繁忙的工作之余完成了书稿的撰写。我也要感谢我的学生万曙红、吴爱慧、朱婧，帮助我完成了部分资料的收集及整理工作。同样，本书的出版也离不开我家人的支持，他们给了我写作的灵感和动力。最后感谢外语教学与研究出版社的大力支持。

虽然本人对微变化研究方法有着系统的了解和研究，但是因为学识和能力所限，疏漏与错误难免，期盼广大读者和同行不吝赐教。

周丹丹

南京大学外国语学院

2011 年 7 月

第一章 微变化研究方法概况

本章简单介绍了微变化研究法的概况，主要内容包括什么是微变化研究法、微变化研究法的特点和基本要素以及微变化研究法的发展历史和现状。

1. 引言

初秋的黄昏，和儿子一起去街心公园散步。偶遇一多日不见的朋友，朋友看到儿子，惊呼："哟，长这么高了，快成大小伙了！"朋友的惊讶不足为奇，在她眼里，儿子还是去年见到的那个上幼儿园的小毛孩，所以眼前这个快到她肩膀高的男孩颇让人吃惊。可是对于我这个妈妈来说，儿子的变化虽让我欢喜，却并不让我惊讶。每天伴随着儿子成长，每天关注着儿子的点滴变化，也就不会惊诧于他成长道路上的种种令人惊喜的变化了。

世上万物的变化其实不外乎两种：渐变和突变。现在我们总是忙于各种琐事而无心真正去观察、享受我们身边逐渐发生着的变化。等我们有一天突然从繁忙的工作中抬起头来才突然发现事过境迁，往昔不在。昨日枝头的花骨朵依然还在，今天早已成芬芳的玫瑰，树上的绿叶分明还在摇曳，一夜秋风，却都不知去向。

生活中，我们往往只注意到万事变化的结果，而少有耐心去仔细观察变化的过程。我们只会看到齐肩的孩子，却不在意他每天一点点的长高；我们只欣赏盛开的玫瑰，却无意于她默默绽放、渐渐伸展的美丽；我们只发现一地枯黄，却不知晓绿叶慢慢枯萎的寂寞。

看着儿子天真的笑脸，心头一动：要是能每时每刻把每一点变化、每一次感动都记录下来，该是一笔多大的财富！生活如此，做研究又何尝不是？如果能够一丝不苟、耐心细致，就一定能够捕捉到种种令人兴奋的细微变化，得到意想不到的结果。联想到近日才接触到的微变化研究方法（microgenetic

1

method），觉得真是应该和大家一起来分享这种崭新的研究方法，去探求我们身边发生着的变化，去捕捉我们已经渐渐遗忘的惊喜。

2. 什么是微变化研究方法

在应用语言学的研究中，有很多问题和变化这个概念联系在一起。特别在二语习得领域，我们的常识和专家的研究都告诉我们，二语学习是一个穿越时间的非常复杂的变化过程（Ortega & Iberri-Shea，2005：26）。事实上，很多关于二语学习的最根本问题都在一定程度上和变化有关，任何对学习、发展、进步等概念所作的断言都必须从时间变化的角度去理解。如果我们能够非常清楚地描画出语言学习过程中的变化，那么我们对于二语习得领域中的许多问题都能找到满意的答案。

既然变化在语言学习和教学中起着如此重要的作用，也难怪研究者们会运用不同的方法对语言学习过程中的变化和时间问题进行不遗余力的探索。有的从横向的角度出发，对不同水平的研究对象在一个时间点内进行对比研究；有的从纵向的角度出发，跟踪研究同一批研究对象，以探索语言发展的规律。前者就是横向的比较法（横断法），而后者是纵向的跟踪法（纵深法）。

横断法和纵深法有着各自独特的优越性。横断法比较经济省时，在较短的时间内就能让我们找到问题的答案；纵深法使用同一组样本，跟踪变化的轨迹，得出的研究结果更加可靠可信。但是，两者又同时存在着各自的局限性。横断法忽略了研究对象之间的差别，因此可能会影响我们的研究结果，导致结果不可信服。而纵深法费时耗力，要求研究者有时间和机会在较长的时间内观察和研究研究对象，对时间和研究者的要求较高，它的使用也因此受到限制。

更为重要的是，无论是横向法，还是纵深法，它们其实观察到的只是变化的结果，而对于变化的过程却无能为力。相比较以上两种比较传统的研究方法，微变化研究法以高频度观察为基本特点，因此能够更好地揭示出变化的过程，而非结果。

就如前文所言，孩子的成长稍纵即逝，为人父母，每天可以享受到孩子的点滴变化，但是在旁人眼中，这种变化往往都只能是几个偶然的瞬间。花开花落，四季变换，大部分人只会注意到经过变化发展了的结果，而无法去真正感知变化发生的过程。可以想象，我们错过了多少值得回味的瞬间。科学研究亦是如此，如果我们能够捕捉到一些微妙的变化，那么我们也许离真理就更近一步。

所谓微变化研究法，就是在重复多次的测试或观察的时间里，给研究对象重复尝试同样的问题或同类的问题。通过这种密集的观察，抓住发展变化最为集中、快速的时间段，最终能够达到准确描述和了解发生着的变化（Miller & Coyle，1999：210）。微变化研究法要求研究者在某个相对短的时间段内，高频度观察、记录受试者学习和掌握某个观念、某个知识点，或者某项微技能的过程，并对数据进行定量和定性的精细分析，以揭示群体内部与个体本身所表现出的变异性（文秋芳，2003：312-313）。

Siegler 和 Crowley（1991）的例子可以让我们更直观地了解微变化研究方法的特点。他们运用飓风袭击某个城市的例子来具体说明。设想我们拍摄了两张照片：一张在飓风之前，一张在飓风之后。人们可以通过比较这两张照片，估计出这个城市在飓风中所遭遇的灾害和损失，但是据此无法推断造成损失的过程。要想了解全过程，最理想的是拍电影。如果没有条件拍电影，还有一种退而求其次的做法：连续拍摄一系列静态照片。只要照片的密度恰当，人们就可以从中推测出飓风袭击城市的全过程。微变化研究法的原理和拍摄系列静态照片的原理相似。研究者高密度全程记录某种行为的系列变化，就有可能从中发现变化的关键时刻、变化的速度以及变化的原因等等。微变化研究法的关键是观察频率。只有频率达到一定的密度，受试者行为变化的采样密度适当，才有可能推断出复杂的变化过程。

综上所述，变化是研究语言学习过程的一个重要概念。虽然横断法和纵深法各有所长，在一定程度上揭示出变化的特点和规律，但是，各自的局限性影响着它们的有效使用。微变化研究法作为两者的有益补充，通过高密度的观察，能够更加准确、仔细地描绘出发生着的变化和变化的关键时刻，因而更有可能推断出隐藏在变化后面的更深入的原因。

3. 微变化研究法的基本要素

根据 Siegler 和 Crowley（1991）的总结，微变化研究法必须具备三个基本要素：(1) 观察的时间周期要恰当；(2) 观察频率要高；(3) 数据分析要精细。

观察的周期可以是几十分钟，几小时，几天，几个星期或者几个月。例如 Siegler 和 Crowley（1991）的观察周期长达 11 个星期，每个星期三次；Schauble（1996）的观察周期为 6 个半小时；也有的只有 30 分钟（Bjorklund et al., 1992；Miller & Aloise-Young，1996）。这里最关键的是观察周期要覆盖变化的全过程。最为理想的安排是：观察开始于变化即将产生之前，结束于被观察行为的变化已经停止，进入了稳定期。

微变化研究法的第二个要素是高频率的观察密度。假设我们要了解儿童对于液体质量守恒这个概念的理解，更具体地讲，如何理解容器的外观并不影响所容纳液体质量这个概念，我们就应该在观察的频率上仔细设计，严密跟踪有可能发生的儿童在这个概念理解上渐变的过程。一般来说，儿童要理解这个概念，从认定高杯子一定盛的水更多，到无法确定，再到理解单纯地把水从矮杯子倒到高杯子不能改变它的质量，这个过程需要一个月左右时间。如果我们只是观察不同年龄段的儿童或是观察同一儿童在不同年龄段的表现，那我们肯定是无功而返。显而易见，这种低频的观察无法让我们捕捉到这种发生在较短时间内的、相对比较快速的变化。相反，如果我们运用微变化研究法，在这一个月时间里，每周或者隔天、甚至每天都去观察、记录儿童对这个概念的掌握程度，那么我们就更有可能抓住变化的细节和过程，对这个研究问题的了解也因此要深入得多。

刚才提到的微变化研究法的第一和第二个基本要素其实在某种程度上是紧密相连的。要更直接、细致地把握到变化，不仅观察的周期要恰当，和变化发生较快的时间段相吻合，而且在这个时间段内需要高频率观察和记录发生的变化。两者缺了任何一方，就无法完成高质量的数据收集。没有适当的观察周期，高频率的观察成了无的之矢，只会使我们徒劳无功；而如果没有高频率的观察，即使观察周期完整，也无法观察到稍纵即逝的变化。下面的例子能够更加清楚地说明观察周期和观察频率的关系。比如，立体视觉的发育通常发生在婴儿出生后的 12 周到 24 周。这一医学研究的结果成为 Shimojo, Bauer, O'Connell 和 Held（1986）的研究基础。为了研究婴儿对立体图案的视觉灵敏度，他们把研究周期设定为 4 周到 26 周之间，涵盖了立体视觉可能发生变化的整个周期。同时，在这 22 周时间里，研究人员每周一次来观察婴儿在立体视觉灵敏度方面的变化。他们的研究发现，作为个体而言，婴儿立体视觉灵敏度的发育比群体的总体趋势要快得多。一般来说，婴儿只需要 1 到 2 周时间，立体视觉就可以由一个相当弱的状态发展到具有比较强的灵敏度。如果没有先前的医学发现为基础来选择适当的观察周期，那么，研究人员肯定要花更多的时间和精力去做无谓的等待；如果没有中间每周一次的高频率观察，那么也无法获得最终有价值的发现。

微变化研究法的最后一个要素是精细分析研究对象在量和质两个方面的变化情况。以研究某个策略的微变化为例。如果数据分析仅局限于变化速度和认知准确性的数量变化，而没有相关的定性分析，那就失去了微变化研究法应有的价值。引起速度与准确性变化的原因比较复杂。有的可能源于新策略的使用，有的可能源于使用已有策略频率上的变化，还有的可能源于使用已有策略熟练程度的提高。精细分析策略使用的情况就能够区分不同原因引起的不同结果，以及不同原因在何种情况下起作用。有了量和质两方面的精细分析，微变化研究法才能弥补传统研究认知变化的不足。

从以上的介绍我们可以看到，微变化研究法的三个基本要素中，前两个主要涉及到研究数据的收集，而第三个要素主要针对数据分析的过程。它们环环相扣，缺一不可。恰当的观察周期保证了研究有的放矢，数据收集完整周全；密集的观察频率全程跟踪，详实记录；精细的数据分析以质取胜，为最终的研究结果奠定基础。

4. 微变化研究法的发展历史

微变化研究法是最近 20 年来认知心理学领域兴起的一种研究方法。该方法主要用于探究认知发展的轨迹和机制，侧重研究群体或个体发展过程中的变异性（variability）。追溯其历史，研究发展心理学的著名学者 Werner 和 Vygotsky 都曾经在不同时期提出过这一研究方法的基本构思。

早在 20 世纪 20 年代中期，Werner 就使用他称为"变化研究实验"（genetic experiments）的方法来描述和展示人类心理活动发生的种种连续性变化。例如，在实验时，Werner 向实验对象重复展示一些非常相近的音调，通过多次重复的展示，实验对象对于音阶的识别能力逐步提高。虽然 Werner 的变化实验研究集中在观察由单一刺激所引起的变化，而且实验的时间跨度只是限于单次的实验过程，但是他同时也指出，这种方法可以用来研究持续几个小时、几天甚至几周的变化过程。

半个世纪以后，Vygotsky 明确表示赞同 Werner 的观点和他使用的"变化研究实验"，并且进一步提出在变化的过程中研究变化的概念（1978：65）。Vygotsky 批评了当时更加常见的研究变化的方法，指出这些方法只是研究已经结束和完成了的变化发展过程，而非变化本身："以前的研究者在心理实验中研究的只是已经固化了的心理反应"（1978：68）。相对于这些方法，Vygotsky 提倡使用多次反复实验的方法来观察正在发生的变化。他指出了使用完整、细致的分析和研究对于研究变化的重要性。

> 任何一种心理变化过程，无论是思想的变化还是随意行为的发展，都是就在人们眼前发生的、经历种种不断变化的一个过程。这些发展变化的过程可能只延续几秒钟，甚至不到一秒的转瞬间。在某种条件下，追踪这种变化是有可能的。（Vygotsky，1978：61）

Vygotsky 在这里提到的"某种条件"，指的就是我们现在所说的微变化研究方法。正如他指出，"通过微变化研究，可以捕捉到飞逝的变化过程"（1978：68）。

在以后的几十年中，微变化研究方法一直也被一些研究人员所推崇。不管来自哪个学派，不管基于什么样的理论背景，不少研究人员在各种不同的场合表达了他们对于使用微变化研究方法的赞同和认可。以下这些例证可以帮助我们了解不同研究人员对微变化研究法的一些基本看法。

对于着重研究人类认知能力发展和特点的认知学派而言，微变化研究法有着独特的优势。Inhelder 等就曾经在 1976 年评论过使用微变化研究方法的好处。根据他们的观点，追溯一个事件发展过程的最合适的办法就是给予被观察者反复实践、学习的机会。在反复尝试的过程中，研究对象会逐渐激活大脑中已经存在的思维构思图式。而且在和周围环境的互动中，研究对象又会产生新的构思图式。而微变化研究所提供的反复实践的机会，无疑增加了已有图式和新出现图式之间的相互作用、相互影响，因而促进了学习的进步。这种在反复实验中同步展现研究对象的行为的方法就是微变化研究法。相对于较长时间的宏观变化，微变化研究法浓缩了这些变化，在较短的时间里较直接地研究和描述微观的变化（Inhelder et al.，1976：58）。

　　同样，Wertsch 和 Stone（1978：9）也总结到，微变化研究法拥有的最大的优势便是让研究者能够有可能观察到变化的根源。当我们观察一个研究对象在不同阶段使用策略的变化时，微变化研究法使得我们能够更好地识别逐步发生的转变，也能够更直接、更合理地解释变化发生的原因。

　　对于社会学的研究人员，微变化研究法同样具有特别的魅力。多项研究表明微变化研究法在研究指导者和学习者如何互动以及学习者如何共同学习新技能方面，尤其有效。Saxe、Guberman 和 Gearhart（1987）使用微变化的方法研究了母亲如何教学龄前儿童玩数字游戏。他们的研究发现，来自下层和中产阶级家庭的母亲会根据儿童在游戏过程中是否能够成功完成游戏来及时调整她们的指导方式以及对孩子的要求。如果孩子成功了，母亲会继续要求孩子完成更高难度的游戏，为他们设定更高的要求，而且提供更少的帮助。相反，如果孩子失败了，母亲会降低游戏的难度，同时提供更多的帮助和指导。只有仔细观察母亲和孩子在互动游戏中的种种变化，才能最终描绘出每个阶段之间的细微差别。

　　可见，微变化研究法不仅能够揭示个体的认知发展，而且对于研究社会大环境下，因为个体之间相互作用和影响而引起的种种变化，微变化研究法也同样大有用武之地。综观微变化研究法的历史发展过程，我们能够清楚地看到该研究方法在研究和观察变化方面的优势以及各类研究人员对该方法的推崇。

5. 微变化研究法的现状

既然微变化研究法有着种种优势，大家也许会认为这种方法肯定已经被广泛地运用于各种研究领域。其实，事实并非如此。根据 Miller 和 Coyle 1999 年的估计，运用微变化研究法所从事的项目大约只有 40-50 个。笔者 2008 年在 JSTOR 数据库中以"microgenetic"为关键词搜索的结果显示，用该方法从事的研究共有 72 项，到 2010 年 7 月才增加到 246 项。从上面几节的介绍，我们不难发现导致微变化研究法数量较少的原因：该方法耗时耗力，操作困难。无论是研究设计、数据收集还是数据分析，都要投入大量的时间和精力。

尽管如此，随着时间的推移和技术的改进，微变化研究法正在被越来越多的研究人员所重视。时至今日，已有多种国际权威杂志刊登了与微变化研究方法相关的研究论文，例如 *American Psychologist, Journal of Experimental Psychology, Journal of Experimental Child Psychology, Developmental Psychology, Journal of Applied Experimental Psychology, Cognitive Psychology, Psychological Science, Cognitive Science*。与这一方法相关的专著、论文集也相继问世，例如 1996 年牛津大学出版社出版了 Siegler 撰写的 *Emerging Minds: The Process of Change in Children's Thinking*，1999 年 Lawrence Erlbaum Associates Publishers 出版了 Scholnick 等编辑的 *Conceptual Development: Piaget's Legacy*，2002 年剑桥大学出版社出版了 Granott 和 Parziale 编辑的 *Microdevelopment: Transition Processes in Development and Learning.*

目前，使用微变化研究法的领域逐步扩大，该方法的运用不再仅仅局限于认知科学和社会科学，而且已经扩展到应用语言学和二语习得研究等领域。这种对方法论的重新认识其实和理论上的发展也是息息相关的。当乔姆斯基的先天论在二语习得领域占统治地位时，运用微变化方法研究二语习得根本就是不可能的事情。因为乔姆斯基的理论强调语言能力不同于一般的认知能力，那么运用研究认知能力的方法来研究二语习得当然也是无稽之谈。然而近年来，多个新兴学科，如话语分析、语料库语言学、心理语言学等学科的研究结果无一例外地都支持"学习语言和学习其他认知技能一样"的主张（Valdman，2002）。既然语言能力是一种认知能力，那么研究一般认知能力的研究方法，自然也可以用于语言能力的研究。

近年来，使用微变化研究法的研究项目中，占主导地位的仍然是传统的关于认知能力的研究，尤其是有关儿童认知能力发展的研究。此外，在应用语言学领域，运用微变化研究法的研究项目逐步出现，并渐渐增多。研究既包括社会语言学范畴的、对语言学习者之间如何学习和使用语言进行交际的过程研究，还有属于语用学范畴的、对语言学习者语用能力和技巧发展的研究，更有二语习得领域有关语言学习者掌握语言技能过程和特点的研究。下面概括列举一些例子，可以让我们对微变化研究法使用的领域有个初步的认识。

虽然微变化研究法开始向其他领域拓展，但是不可否认，使用微变化研究法的多数项目还是集中在对认知能力的发展和变化的研究。而且，因为儿童具有较大的可塑性，同时他们的认知能力还处在不断发展和变化的过程中，因此，绝大多数的研究都以不同年龄段的儿童作为研究对象。从 5、6 岁的幼儿 (Siegler，2002；Siegler & Crowley，1991；Siegler & Svetina，2002) 到 10 岁左右小学生 (Kuhn, Schauble & Garcia-Mila, 1992；Schauble, 1996；Siegler & Stern, 1998；Siegler & Svetina, 2002)，这些项目对不同年龄段儿童的观察和研究，丰富了我们对于儿童在不同阶段认知能力发展的规律和特点的认识。研究所涉及的认知能力也各不相同：有的注重儿童在解决算术计算问题时策略使用的发展 (Siegler & Crowley，1991；Siegler & Stern，1998)，有的考察儿童完成矩阵填空游戏的能力 (Siegler & Svetina，2002)，还有的研究儿童科学推理能力的发展和变化 (Kuhn, Schauble & Garcia-Mila, 1992；Schauble, 1996；Siegler，2002)。

在这些研究中，研究人员一般定期和受试儿童一一单独见面。每次见面时，研究人员会按照预先准备好的内容对受试儿童进行测试，以考察儿童对某项特定认知能力的掌握程度。通常在测试完成后，研究人员还会对受试儿童进行一些访谈，以便更深入地了解研究对象在测试过程中的表现和想法以及解决问题的方法等等。研究的测试频率有高有低，也就是说，研究人员和研究对象的见面次数可多可少。有的研究中，研究人员和受试儿童每周见面三次 (Schauble，1996；Siegler & Crowley，1991)，几乎隔天就要进行一次测试；有的研究人员和受试每周见面两次 (Kuhn, Schauble & Garcia-Mila, 1992)；也有的研究人员每周和受试儿童接触一次（Siegler & Stern，1998）。虽然观察的频率有高有低，但是整体而言，这些研究的测试频率都比较频繁，基本上都是以星期作为观察的单位。比起以往纵深研究法的以年、学期或者月为单位的观察周期，显然微变化方法观察到的过程要详细得多，捕捉到的变化也要丰富得多。

就整个研究周期而言，这些研究所用的时间长短也不一。较短的历时大约有 2 周时间（如 Schauble，1996）。大部分研究的时间跨度稍长，一般历时约 10 周左右。Siegler 和 Crowley（1991）的研究用了 11 周时间，而 Siegler 和 Stern（1998）则经历了 8 周。整体而言，微变化方法的研究周期较短，观察密度高，能在较短的时间内获得较高质量的数据。以上这些认知科学领域的研究，从不同的角度对人类认知能力的发展和变化做了详尽的研究。微变化研究法给它们提供了独特的视角，使得这些研究比起以往的研究更加深入、细致，也为进一步架构人类认知能力的发展模式提供了更多有力的证据。

一些属于社会语言学范畴的应用研究以社会大环境为背景，主要探究语言学习者之间的交际和互动是如何帮助语言学习的（如 Brooks, Donato & McGlone, 1997；Donato, 1994；Ohta, 2000, 2001）。这些研究运用微变化研究法详细地记录了学习者如何使用语言和各种学习策略，如何互相帮助，如何最终在目的语运用的某些方面取得了进步和发展。例如，de Guerrero 和 Villamil（2000）主要研究二语写作课堂中学生怎样互相合作并利用语言建架（scaffolding）来完成互改作文的任务。研究的目的是为了观察学生在二语学习过程中，特别是在修改作文的过程中，如何使用各种学习和修改作文的策略，如何逐步调整这些策略，并且利用这些策略来顺利完成作文的互改。该研究使用微变化研究法，定性地记录和分析了两名中等水平的大学生（其中一名为作者，一名为读者）互相交流、合作修改其中一名学生的一篇叙事作文的过程。在讨论修改作文的前半阶段，读者承担了作为调停人的主要角色；而在后半阶段，读者和作者都更加积极地参与到作文互改的活动中，两人之间的交流和互动更加频繁、有效。研究结果显示在二语写作中的学生互改的实践中，语言建架是双向的，在读者和作者之间来回穿插，而并非只是单向的由读者向作者提出意见。

Platt 和 Brooks（2002）的研究也是基于社会文化的大框架下对于语言学习的微观调查。他们的研究主要通过观察和分析二语学习者使用二语互相交流的语料，以展示学习者在完成拼图游戏的过程中参与语言学习任务的程度是如何变化的。在他们的研究中，两对二语学习者分别使用二语来合作完成拼图游戏。在这一过程中，他们参与学习任务的程度逐渐提高。随着参与活动积极性的提高，他们从一开始绞尽脑汁地搜索单词和结结巴巴地对话，到逐步主动使用二语进行有效、流利的交流。由此可见，任务参与程度对二语学习有着重要的影响。

Belz 和 Kinginger（2002）的研究也是从社会文化的角度来考察二语学习者语用能力的发展。他们运用微变化研究法来考察学习者的二语语用能力在远程网络合作教学的环境下是如何发生细微的变化，而最终接近本族语者的。研究刚开始时，两个个案研究中的学习者在使用电子邮件和本族语者进行交流时，对于年龄相仿的同伴，他们都使用了尊称。显然，在这种非正式的语境中，他们对对方的称呼是不合适的。经过本族语者的提醒和自己的观察，学习者开始意识到这个问题。但是在稍后的一段时间里，他们使用的称呼语又处于混乱的状态，有时用尊称，有时不用。最后，学习者终于能够比较准确、自如地使用称呼语，语用能力得到了发展。微变化研究法追溯了学习者使用称呼语的整个变化过程，学生开始的状态，随后变化发生的时间、原因、具体细节以及中间的曲折变化甚至是学习过程中的倒退，都一一详尽地记录，充分展示了二语学习者语用能力的变化发展过程。

Kim 和 Hall（2002）研究了互动阅读在二语语用能力发展中的作用。该研究的研究对象是 4 名 9 至 10 岁的韩国儿童。在连续 4 个月的时间里，这 4 名儿童平均每周和研究人员见面两次，每次 30 分钟，一共见面 35 次。每次见面时，研究人员和这些孩子们一起阅读英文图书，然后用英语就所读内容进行提问、讨论和角色扮演。每次的互动阅读过程都进行了全程摄像。经过对录像进行细致分析后，研究者详细地勾画出这些儿童在这 4 个月的时间里二语语用能力的发展过程，特别是在套语使用、自我修正、他人修正等方面比较明显的变化。Kim 和 Hall（2002）认为，在变化发生时进行观察，能够让我们更好地了解最终的产出，追寻发展的轨迹。相比较其他的一些研究方法，如访谈、自我汇报、测验等，微变化研究法不仅能够忠实地记录变化的过程，而且对研究对象的元认知和元语言能力要求不高，也不会因为使用测试而引起研究对象的焦虑感。

McCafferty（2002）的研究探讨了手势在创造二语学习"最近发展区"（zone of proximal development）中的作用。该研究只有一名研究对象，是一名刚到美国不久的中国台湾大学生。在15周的时间里，该研究对象每周和一名美国的英语教师用英语进行互动对话。研究以详细的语料，归纳、分析了手势对于语言学习的促进作用。同样，手势对于学习者和对话者之间建立良好的关系、创造共同的心理、社会空间也有极大的帮助。

以上这些研究都是以 Vygotsky（1978）所强调的研究认知发展必须记录发展的全部历史为出发点，使用微变化研究法详细地跟踪和记载发展变化的完整过程。通常，这些研究运用定性分析的方法，把学习者在学习中交流、互动共同或独立完成学习任务的整个过程完整地记录下来，然后对数据进行仔细的分析，揭示出学习过程中发生的种种变化以及变化的路径、速度、原因等等。微变化研究法在这些研究中发挥了积极的作用。正如 de Guerrero 和 Villamil（2000：65）指出："至于我们在本研究中所使用的微变化研究法，我们发现它特别有效。微变化研究法揭示了修改作文时，个人行为在社会因素的影响下形成并转化的过程。和我们以往所有的相关研究比较，微变化研究法让我们能够更好地发现影响二语写作和修改的社会因素。"

除了在社会语言学框架下进行的研究外，二语习得领域的研究也开始运用微变化研究法来研究二语能力的发展，特别语言发展的变异性。一个典型的例子是 Verspoor 等人 2008 年的研究。该项研究采用的是个案分析法，记录了一名母语为荷兰语的大学英语专业学生在大学三年学习期间英语写作水平的进步。研究者观察了受试前后 18 篇作文在词汇和句子复杂性上的种种变化。研究发现，受试的写作水平总体呈上升趋势，但是期间进步和退步交替进行，整个过程呈现出非线性的态势。变异性不仅存在于不同的学习者之间，在同一学习者的不同学习阶段也呈现出变化的不同特点。

国内运用微变化方法所做的研究主要集中在对于二语习得中频次作用的研究。频次作用是近年来国际二语习得领域的研究热点。频次作用的研究强调重复练习对二语习得过程和结果的影响。通常在较短的时间内（从几小时、几天到几星期），受试被要求重复练习和完成某一项学习任务。通过高频率地记录和观察每一次重复所带来的学习变化，研究能够详实地描述语言的变化、发展轨迹，总结出变化、发展的规律和特点，并且发现引起这些变化的内在因素。这些关于频次作用的研究要求高密度的观察和细致的数据分析，和微变化研究所倡导的研究方法不谋而合。

朱婧（2003）采用微变化研究法，考察了输入频次对阅读理解和词汇习得的影响。4名受试在三天的时间内重复阅读一篇文章六次，同时完成词汇测试。研究显示，在前三次重复阅读的过程中，阅读理解和词汇习得进步都非常显著。但是，随后增加的频次不再发挥明显作用。

周丹丹（2004；Zhou，2005；周丹丹，2006）分析了练习频次，即重复练习的次数对口语故事复述的影响。受试在重复听和说故事的过程中，口语的各个方面，包括流利性、准确性和复杂性等各项指标都有不同程度的提高。

周卫京（2005）探究了视觉输入频次和听觉输入频次对口语产出的不同影响。实验在1小时里分三轮连续进行：第一轮，受试接受两次输入，口语输出1次；第二轮和第三轮，受试接受1次输入，口语输出1次。研究发现，输入、输出频次对口语质量有影响，表现在输入第四遍和产出第三遍是口语练习的最佳频数。

Zhou（2006）研究了重复任务的频次对词汇习得的影响。实验中，4个实验组学生分别重复接受不同的学习任务3次。研究结果显示，4个实验组的每轮词汇习得成绩随任务频次增加而递升，而且在第三轮达到最高峰。在三次以内，频次越多，习得成绩越高；超过三次，频次作用趋减。同时，任务频次效应也随学习者英语水平不同而发生变化。

以上这些国内研究者运用微变化研究方法，来探讨频次在二语习得中的作用。虽然研究范围比较狭窄，但是为国内应用语言学研究提供了方法论方面的新视角。

第二章　微变化研究法的贡献

本章主要讨论微变化研究法的贡献和局限性。该研究法对于学术界的贡献既包括理论层面的，也包括方法论方面的。虽然比起传统研究方法，微变化研究法有其独到之处，但是，它也存在着自身的局限性。本章在结尾部分，指出了微变化研究法的局限和使用时应该注意的一些要点。

1. 微变化研究法在理论层面上的贡献

"每天清晨，当夫子庙还笼罩在一片薄雾中时，就有老人三三两两地来到这里。他们有的遛狗放鸟，有的跑步打拳，有的舞起了大秧歌，还有的抖起了空竹。小鸟的喳喳声，小狗的欢叫声，轻快的音乐声，渐渐唤醒了沉睡中的夫子庙。"

上面这段文字是我 9 岁的儿子最近写的一段日记。回想他从牙牙学语到第一声清脆的"妈妈"，到现在能够"出口成章"，甚至可以把我驳得哑口无言，往往惊叹于人类语言发展的的神奇。

每每对儿子语言能力的突飞猛进发出感叹时，一些问题也总会跳入我的脑海：儿童为什么能够掌握如此复杂的语言系统？语言的发展是什么样的轨迹？究竟有没有规律可循？语言的发展存在个体差异吗？如果有，这些差异是什么？语言的发展会出现异常吗？随着年龄的增长，人的语言能力还会发生变化吗？——这些问题都是我们所渴望了解的问题，也是深深吸引研究者们在语言发展领域不断探索的问题。

人类语言的发展和人类认知能力密切相关，长久以来备受语言学、心理学、哲学等各类学科的关注。已有相关理论对儿童语言发展作出了阐述，而微变化研究法从一个全新的角度，利用实证研究的结果，对语言发展进行了新的诠释。下面将主要介绍三种关于人类认知能力和语言能力发展的理论。第一种是皮亚杰提出的认知发展理论，该理论长期以来一直被认为是最具代表性的关于人类认知发展的理论。第二种是 Siegler 根据微变化研究的系列成果而提出来的和皮亚杰针锋相对的理论。第三种动态系统理论是近年兴起的和微变化研究倡导的理念完全吻合的理论体系。

1.1　皮亚杰的认知发展理论

Piaget（1967）通过对儿童语言能力发展的描述阐述了人类认知能力的发展规律。皮亚杰认为，儿童认知发展先于语言发展，整个过程可以分成四个阶段。

第一阶段是从出生到 2 岁时候的感知运动期。在这个阶段，儿童通过自己的运动来认识周围环境，构建现实世界。他们不会利用概念进行抽象性的思维，而是通过行动来思考，也就是说，他们只有在运动中才能感知世界，产生思维。

第二阶段是从 2 岁到 6、7 岁之间的前操作思维阶段。在这个阶段，儿童具象思维能力开始得到发展，内在符号系统也开始逐步形成，但是这些最初的符号并不是文字系统，而只是用来帮助儿童学习语言的符号。

皮亚杰进一步把第二阶段分成两个阶段。在 2 岁到 4、5 岁的第一阶段，儿童的语言都是以自我为中心的，皮亚杰称之为独白。这种独白并不真正具有交流的目的和特征。如果我们有和这个年龄阶段儿童相处的经历，我们不难理解皮亚杰的这些描述。无论是在玩"过家家"还是"奥特曼大战怪兽"，孩子们总是专心致志地沉浸在自己的世界里，自言自语、手舞足蹈，说着一些我们大人听不懂的"奇怪语言"。6、7 岁时，儿童的语言开始社会化，这时的语言开始带上交流的目的和特质。从一个阶段到另一个阶段，语言就是这样逐步、渐进地发展的。

第三阶段是从 6、7 岁到 11、12 岁期间的具体操作阶段。这时候，儿童已经拥有一套完整的认知系统，但这时的系统只包括世界上存在的具体事物和事件。同时，儿童的逻辑思维能力也开始完善，他们能够运用逻辑思维能力去解决现实生活中出现的具体问题。我们的小家伙们不再单单凭着感觉来认识世界，他们的合作和交流的语言能力渐渐提高，也逐步成长为真正的社会人了。

第四阶段是 11、12 岁到成人期的形式操作阶段。儿童的抽象思维能力开始成熟，他们能够进行各种各样的思维，不再局限于现时具体问题的考虑。过去、现在、未来，思维可以不受时间、空间的限制自由徜徉。假设、推理、归纳、演绎……，所有这些形式思维都开始形成并且发展。就语言发展而言，这个阶段也是语言习得的关键期。尤其对于二语习得来说，形式操作阶段是语言最终是否能够习得地道、成功的关键所在。如果在此之前开始习得二语，最终能够达到本族语者的语言水平。相反，如果在此关键期之后开始习得二语，一般无法获得和本族语者同样的水平。

1.2 Siegler 的理论

Siegler（2002）根据微变化研究的系列成果，提出了完全不同于以皮亚杰为代表的传统的关于人类认知能力发展的理论。该理论强调发展的不均衡性和变异性，并且指出发展时快、时慢、时有、时无、时进、时退。

通过使用微变化研究方法，研究者们得到了一些一致且惊人的发现，让我们对于人类认知能力变化发展的规律有了全新的认识（Adolph，1997；Alibali & Goldin-Meadow，1993；Coyle & Bjorklund，1997；Granott，1998；Kuhn，Garcia-Mila，Zohar & Andersen，1995；Miller & Aloise-Young，1996；Schauble，1996；Thelen & Ulrich，1991；Thornton，1999）。这些研究涉及人类认知能力的方方面面：逻辑推理、语言学习、记忆力和注意力等等。研究发现，人类在解决问题时，会使用多种多样的策略。在儿童认知发展过程中，即使新的较高级的策略不断出现，先前不成熟的策略也会继续使用。某个策略的成功并不意味着使用者一定记得；某个策略的失败也并不一定意味着放弃。儿童有时会暂时偏离目标，为的是以后能够更好地接近它。简单地说，人类认知发展的过程交杂着各种循环反复、交叉重叠，因而异常复杂。

Siegler（2002）根据以上这些微变化研究成果，总结出了关于儿童认知发展的理论。他以儿童策略使用变化的过程为例具体说明了儿童认知发展的规律。他认为，在任何一个特定的时间，儿童都能理解和运用一系列不同的策略。随着年龄和经历的增长，每一种策略使用的频率都会有所变化。有些策略的使用频率变得越来越低，有些策略的使用频率变得越来越高，有些策略的使用频率先变得越来越高，而后又变得越来越低，还有一些策略的使用频率一直变化不大，保持相对稳定的状态。除了这些已经存在的策略在使用频率上会有相对变化，一些策略还会经历从无到有或是相反的过程：某些新的策略会被发现，而某些老的策略则停止使用。可见，在人类认知能力的发展过程中，定量与定性的变化总是互相交织在一起。认知能力的发展不是简单的、一帆风顺的，期间有进步，也有退步；速度也是有快速，有缓慢，差异性贯穿发展的全过程。

1.3 两种理论的对比

对比皮亚杰和 Siegler 关于儿童认知能力发展的理论，不难发现两者对于人类认知能力发展模式的描述大相径庭。图 1 和图 2 分别比喻了两者不同的发展论。

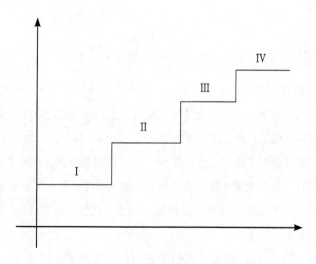

图 1. 阶梯模型

图 1 是一个阶梯模型，可以用来比喻皮亚杰的发展论。I、II、III、IV 分别代表了儿童认知能力发展的四个阶段。由图 1 可以看出，在皮亚杰眼中，人

类认知能力的发展有一定先后顺序，从较低级的阶段逐步向前、向上发展，而且后面的阶段总是比前面的阶段更高级。在皮亚杰的理论模型里，每个阶段界线明确，发展井然有序。各个阶段的发展就像我们爬台阶一样，由前往后，从低到高，总是有比较明显的规律可循。综观整个发展过程，各个阶段的发展整齐划一，递进上升，没有反复、后退等变异情况的发生。

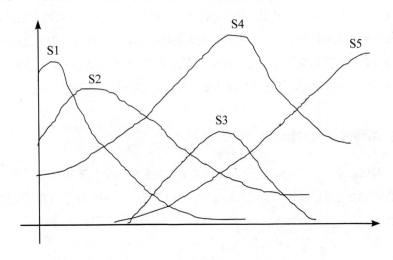

图 2. 波浪重叠模型

注：S=Strategy（策略）

相比较而言，图 2 中总结的 Siegler 的波浪重叠模型远远没有皮亚杰的阶梯模型那么整齐划一。相反，它是如此复杂，让人有些眼花缭乱。图中各类策略的使用有高有低，有升有降。有的起点低，之后不断上升，如 S5；有的起点较高，随后却有逐渐下降的趋势，如 S1；还有的曲曲折折，蜿蜒前行，如 S2、S3、S4。显然，这些发展和变化没有明显的规律可循，每一类策略都有自己独特的发展轨迹，很难用一种模式去描述、总结。就像大海的波涛，潮来潮往，气象万千，变化无穷无尽。

皮亚杰对于人类认知递进式的发展描述只是反映了群体发展的宏观趋势，而忽略了发展过程中的多样性和差异性，因而不能反映儿童认知发展的真实情况。事实上，在发展过程中，不仅群体内部存在差异，个体本身也存在差异，变异贯穿于发展的全过程。忽视差异性，也就谈不上真正意义上的发展研究。

　　Siegler 的研究在某种意义上，可以说是发展和补充了皮亚杰的理论。皮亚杰从宏观的角度，揭示出儿童认知能力发展的趋势。Siegler 的波浪重叠模型则从微观的角度强调了发展的不均衡性和变异性，承认了发展的复杂性，使人们对于自身的认知发展有了全新的认识。Siegler 的理论对传统的理论进行了挑战，多层面、多纬度地刻画出认知发展的轨迹，以大量实证研究的数据证明了发展的复杂性和多样性。无论从我们自身的经验，还是观察我们周围的世界，不得不承认，皮亚杰早年的理论忽略了变化的多样性，把复杂的过程过于简单化，而 Siegler 则把皮亚杰忽略的问题纳入主要考察范围，因而把这个理论向前大大推进了一步。

1.4 动态系统理论

　　进入 21 世纪，强调人类语言能力具有复杂性、动态性和变异性的趋势在二语习得研究领域显得更为明显。动态系统理论(Dynamic Systems Theory)（de Bot，2008；Geert，2008）非常明确地指出语言系统就是一个典型的动态系统，具有动态系统的所有特性。根据该理论，语言系统处于不断变化之中，变化具有持续性。语言系统由各种相关联的变量组成，这些变量会随着语言的使用和语境的变化产生相应的变化。变化最基本的特征就是非线性。

　　Larsen-Freeman（1997）曾经总结过语言系统作为一种动态系统所具备的特征。她认为，语言系统是动态的，二语学习者的内在语法处于不停的变化之中，根本不存在所谓的目标语（target language）。因为目标一直处在运动变化中，所以语言习得没有任何终点。

　　语言系统是复杂的，它包括句法、语音、词汇等多个子系统，这些子系统互相作用、互相影响。语言系统的复杂性还体现在语言习得受多种因素的共同影响。年龄、性别、学能、动机、学习策略等诸多因素决定了语言习得的成功与否。没有一个因素能够单独决定语言习得，但是它们互相影响的作用可以产生巨大的影响。

　　语言系统的发展是非线性的，有时是无法预料的，甚至是混乱的。学习者不是简单地学完一样再去学另一样。即使学再简单的东西，学习过程也不是单纯的直线。中间有顶峰，有低谷，有前进，有倒退。一个典型的例子应该是英语规则和不规则动词过去时习得过程的 U 型曲线。一开始学习动词过去时的时候，学习者的动词过去时使用正确率比较高，但是随着学习的继续，正确率反而下降，出现过度概括等错误。经过阵痛和低谷，最后正确率有了明显的上升，而且稳定在一个较高的高度上，说明学习者真正习得了过去时的准确用法。

语言发展也具有变异性，不仅个体差异无所不在，而且同一个体在不同时间、不同情况下也会表现出不同的发展特点。根据动态系统理论，变异不受外部世界影响，不由外在力量解释，而是系统本身具有的内在的重要特点。没有变异就没有发展，变异的程度可以揭示真正的发展过程。

动态系统理论主张语言发展具有动态性、复杂性和变异性等特点。既然语言发展是动态的，那么研究动态语言的方法也应该是动态的。微变化研究法强调语言能力变化的复杂性和不可预知性，语言能力发生巨变时甚至像雪崩，你根本无法预知下一秒会发生什么。只有通过高频的数据采集和密集的观察频率，才有可能捕捉到正在发生的变化。微变化研究法不同于传统研究法，它非常重视个体差异和语言发展的变异性。以往研究注重整体趋势，如果出现和整体趋势相反或者不同的变化，那么就是不和谐的音符，就像噪音（noise），不能被解释。而微变化研究对于这些"噪音"的关注远远超出了传统研究方法，"噪音"既然存在，那么就不能被忽视，也正是这些噪音，显示出变化的复杂性。另外，要真正了解语言学习过程，我们不仅需要群体数据，更需要个体数据。无论是作为单独的个体还是群体一部分的个体，都是微变化研究法的重点。

从上面的讨论我们可以清楚地看到，微变化研究法倡导的研究变化的方法和动态系统理论阐述的变化的特质完全吻合。从某种程度上来说，微变化研究法体现了新兴理论视角下的新型方法论模式，突出了动态系统理论的精髓，为在该理论框架下进行研究提供了全新的研究方法。

2. 微变化研究法在研究方法上的贡献

二语习得研究领域中的许多关于二语学习的根本性问题或多或少都和"时间"有关（Ortega & Iberri-Shea，2005）。如果从研究时间的角度来划分，关于语言学习变化的各类研究大致可以分为横向的比较法和纵向的跟踪法。下面本文将重点讨论这两种传统研究变化的方法的局限性以及微变化研究法相对的优势。

2.1 传统研究方法的局限

"时间"对于二语习得研究而言，是个根本性的问题。对于刚开始进行二语学习的学习者来说，时间意味着"什么时间开始学习，什么时候可以达到接近母语者的水平"；对于教育政策的制订者来说，时间意味着"何时开始双语教育，何时进行语言水平评估"；而对于语言教育者来说，时间则意味着语言课程的长度、教学的强度、课程的安排等等。

许多更广范围内的和时间相关的二语习得问题值得我们研究人员深思：在二语学习者学习二语的一生中，语言发展的速度如何？变化的轨迹是什么样的？有哪些规律可循？什么时候是关键的转折点？所有这些核心问题都和时间有着不可分割的关系。

既然变化和时间对于语言学习的研究至关重要，那么目前应用语言学的研究方法是如何研究这些变化和发展的呢？总的说来，目前的研究方法中，最重要的莫过于横向的比较法和纵向的跟踪法。所谓横向研究法，也称为横断法，就是对一组不同的个体或受实验者在一个时点内进行研究，以衡量或研究语言的某个主题或某个方面（Richards，Platt & Platt，2000：116）。而纵向的跟踪法，即纵深研究法，则和横断法相对，通常对个体或群体进行较长一段时间的研究，研究语言的某个主题或方面如何随着年龄或学习的深入而变化发展的（Richards，Platt & Platt，2000：116）。

下面的例子可以具体说明横断法和纵深法的区别。假设你想研究在校大学生学习英语的动机是否随着大学教育的增加和年级的增长而有所变化，你可以设计一份问卷，让学生填写（文秋芳，2001：140）。一种方法，你可以选择在校的一到四年级的学生，每个年级抽取一定数量的学生组成研究样本，然后比较四个年级之间的差别。另一种方法，你也可以使用同一批学生作为你的研究对象，从一年级一直跟踪到四年级，每年让同样的学生填写你设计的问卷，最后比较学生每次填写的问卷之间有无差别。上面例子中的第一种方法就是横断法，而第二种就是纵深法。

从上面的定义和例子我们可以看到作为两种最为普遍的研究方法，横断法和纵深法可以说是各有千秋，它们有着各自独特的优越性和局限性。横断法比较经济省时，在较短的时间内就能让我们找到问题的答案，但是，它的局限性也是显而易见的。横断法使用的比较方法基于这样一个假设，即：被比较的样本之间除了被研究方面之外没有任何其他本质差别。就像上面的例子中，这四个年级之间除了受大学教育年限的长短和可能的学习动机差别之外，没有其他方面的差别。但是，这显然是一个理想化的假设。个体与个体之间的差异林林总总，即使从群体来讲，我们也经常会有这样的感慨："这一届的学生和上一届比，简直就是一个天，一个地。"可见，"大小年"的区别在教学过程同样也存在。因此，如果只是假设研究对象没有本质差别，或没有显著差别，那么他们之间原本就存在的差别可能就会被忽视，而最终导致我们的研究受到影响，所得到的结果不可信服。

那么，相比较而言，纵深法克服了横断法的局限，使用同一组样本，跟踪变化的轨迹，得出的研究结果更加可靠可信。但是，非常明显，纵深法费时耗力，要求研究者有时间和机会在较长的时间内能够接触到研究对象。数据收集完成后，几个月甚至几年过去了。在当今这个特别注重时间和效率的社会，试想有多少人能够耗得起这个时间？因此，时间本来应该是纵深法最值得称颂的优点，但也正因为时间，纵深法的运用极大地受到了限制。

更为重要的是，纵深法其实观察到的也只是变化的结果，而对于变化的过程却无能为力。就其实质而言，纵深法就是在变化发生的较长过程中，选取几个合理的观察点，来推测可能发生着的变化。但是，到底选择什么时间作为观察点，观察时间到底需要多长，都没有定论。通常的做法是选择自然的年份、学期或者学年来作为考察学习效果的观察点。同样引用刚才的例子，我们要回答大学生英语学习动机是否在大学四年期间有变化，我们通常会选择把观察点设置在每个学年的一个相对固定的时间。再比如，了解某一儿童学习某项技能的过程，可以选择在他 6 岁、7 岁、8 岁或 9 岁的时候每年观察一次。虽然这种观察法和比较不同个体之间在某一特定时间的横断法相比较，能更好地回答我们的问题。然而，仔细推敲一下，这样的选择也有不合理之处。一年才观察一次，所得到的结果也许已经滞后，变化早已发生；或是得出的结果超前，变化即将发生，我们无法探知。因此，正如 Ortega 和 Iberri-Shea（2005：37-38）指出，使用纵深法的一个最重要的注意点在于对研究点的选择。自然的年份变更和语言的发展不一定同步；学校学年的安排和学习者语言发展的时间表也不一定完全吻合。完善纵深法的使用，一定要辅之以对于转折点和关键事件的仔细观察。如何把握到转折点？如果我们能够加大观察的频率，即多选择一些观察点，那么我们观察到变化中的转折点的机会就要大得多。

微变化研究法正是在这种理念的基础上发展起来的一种全新的研究方法。相比较以上两种比较传统的研究方法，微变化研究法以高频度观察为基本特点，因此能够更好地揭示出变化的过程，而非结果。作为横断法和纵深法的有益补充，微变化研究法通过高密度的观察，能够更加准确、仔细地描绘出发生着的变化和变化的关键时刻，因而更有可能推断出隐藏在变化后面的更深入的原因。

2.2 微变化研究法的优势

上面一小节介绍了两种常见的观察语言变化的研究方法以及它们各自的优点和局限性。本小节将重点讨论微变化研究法在研究方法上对于传统研究法的突破。

根据 Miller 和 Coyle（1999）的总结，微变化研究法具有四大优势。第一，该方法能够直接观察到正在发生的变化。相对于传统的、只注重变化结果的研究方法，微变化研究法高频率地观察研究对象，因而也更有可能观察到变化的过程。例如在观察儿童认知能力的发展时，大部分研究者都采用了横向的研究法，偶尔也有尝试用纵向的跟踪法。尽管这些研究方法或手段给我们提供了宝贵的资料，描画了在不同的年龄阶段，儿童思维能力发展的特点。但是，这些方法却无法说明儿童思维能力如何从一个阶段发展到另外一个阶段。研究者只能通过比较变化前和变化后的差异来推断变化的过程。通过横断法或者纵深法获得的数据只是在儿童思维能力的变化过程中选取的几个静态点上的一个个片段，而无法连成连续的、完整的、有意义的变化过程。更重要的是，即便是纵深法，观察点之间的间隔设置也通常比较长，所以难以获取有价值的、关于变化过程的数据，更不用说变化关键期出现的转折点。

相比较而言，微变化研究法所要求的高频率的观察和细致的数据分析，是捕捉细微变化的理想选择。该研究法在重复多次的测试或观察的时间里，给研究对象重复尝试同样的问题或同类的问题。通过这种密集的观察，抓住发展变化最为集中、快速的时间段，最终能够达到准确描述和了解发生着的变化。

微变化研究法的第二个优势是，它可以考察变化的不同方面。Siegler (1996) 指出，微变化研究可以从以下五个重要的维度来考察变化。它们是：路径 (path)、速度 (rate)、广度 (breadth)、变异性 (variability)、根源 (sources of change)。所谓路径，指的是在多次重复尝试时，研究对象的行为或者对于研究问题理解的变化的顺序和过程。速度指的是变化发生的快慢。有些时候，我们观察到的变化是渐进的，但是有时候，在不同的个体中间，在不同的时候，变化的速度往往有快有慢。从群体数据中看到的发展、变化往往是比较缓慢的渐变过程，而事实上对于不同的个体，在不同的时间段，变化有可能非常急速。群体数据一般掩盖了变化速度这一问题，而微变化研究法所注重的个体差异能够反映出变化在不同条件下有可能出现的不同速度。广度指的是某种概念或者技能应用的范围，也就是研究所总结的概念或技能的概括性和普遍性。变异性指的是在以上三个维度上的个体差异。根源指的是变化的原因。

以上这五个维度可能随着不同的任务、不同的情况和不同的个体形成差异。变化的过程也因为年龄、任务难度、任务熟悉度等不同的变量而不同。微变化研究法的一个主要贡献就是它能够识别出最可能发生变化的条件、最可能的原因，以及最可能使原因起作用的方法，进而能够解释变化的复杂性。

微变化研究法的第三个优势是，这种研究方法能够发现行为中的变异性。比如说，横向的研究设计和群体数据分析只能让研究者注意某个年龄段儿童的典型行为。他们能够描述某个年龄段儿童具有的某种心理结构，如信息处理的极限、规则和策略等等，他们也能够描述最终取而代之的另一种心理结构的模式。相反，微变化研究法考虑儿童个体在不同时间、不同尝试时的不同表现。群体表现的规律不仅掩盖了组内差异，而且掩盖了个体行为本身的不稳定性。

第四个优势是，微变化研究法非常灵活。它能用于研究不同的概念、技能和知识点。无论是儿童认知能力的发展，还是成人二语能力的变化；无论是数学运算能力的提高，还是语用能力的发展；不论是语言整体能力的提高，还是某种单个语法知识的掌握……所有这些都可以运用微变化研究法来进行研究和观察。此外，这个方法也适合不同的理论流派，例如皮亚杰派、新皮亚杰派、维果斯基派、信息处理流派都愿意运用这个方法研究认知发展。

3. 微变化研究法的局限性

以上探讨了微变化研究法的优势。虽然相对于传统的横向比较法和纵向跟踪法，微变化研究法具有直接、全面、灵活等优势和特点，但是任何一种研究方法都不可能是完美无缺的，微变化研究法也具有一些自身无法克服的局限性，这些局限性主要体现在以下这些地方。

首先，尽管微变化研究法能够揭示出行为是如何变化的，但是它并不能非常清楚地说明这些发生的变化是否在自然的环境中也同样会发生。通常，微变化研究法在严格控制的实验状态下进行，因此，从某种程度上来讲，该方法观察到的现象并非是自然的状态，而是研究者人为创造出来的。在日常生活中，人们的经历并不都像在微变化研究中那样被压缩在一个相对集中的时间段内，也不可能在相对较短的时间内，多次反复重复同一任务。

在某些微变化研究中，这些问题确实存在。但是，另外也有相当一部分运用微变化研究法的研究很好地模拟了真实的学习环境，能够较好地反映自然的学习过程。例如，重复地解决相似的数学题目，重复的阅读练习等等，在自然的教学过程中也同样存在。其实，学习在很大程度上是一个循环往复、不断前进的过程（Cook，1994；Skehan，1998）。只有不断重复，才能逐渐巩固知识，真正掌握知识。因此，微变化研究法虽然要求严格的实验设计，但是它所遵循的基本理念和现实的教学实践是完全吻合的。

其次，微变化研究法所观察到的短期变化过程不一定适用于长期的变化过程和规律。微变化研究法一般都是把研究过程压缩、集中在一个相对较短的时间段内。虽然这样可以省时省力，但是在这种状态下所观察到的变化是短期的，这些通过研究短期的变化过程得到的关于变化的特点和规律是否同样适用于长期的变化过程，这个问题是微变化研究法无法回答的。长期和短期的变化之间有一定区别，但它们又是相互联系、紧密相关的，有时候甚至很难把两者区分开，因此，尽管微变化研究法注重短期变化，存在一定局限，但是，研究短期变化是研究长期变化的起点和基础，微变化研究法在一定程度上为我们进一步了解和研究长期变化提供了可以借鉴的方法。

最后，微变化研究设计具有一些方法上的局限性。一般来说，该方法要求对受试逐个观察、逐点记录，耗时费力，因此对时间和资源的要求较高，而且参加研究的受试的数量也比较有限。另外，微变化研究的成败在很大程度上取决于受试者能否全程认真参加多次实验，并且在每次实验中，从头到尾都能积极进行尝试。因为这种方法对于受试的要求较高，因此一般只适用于动机强的研究对象。

虽然微变化研究法所要求的高密度的观察和重复的尝试能够提供丰富的关于变化的数据，但是每次的尝试或经历都可能影响下一次的行为。而且，微变化研究法通常会采用访谈等研究手段来获取更详细的资料，但是，这些访谈有可能会让受试对自己以前的行为进行反思，从而对后面的行为做出相应的调整。其结果是，这样的研究手段在很大程度上可能会影响研究结果。正如Pressley（1992）指出，研究人员每次和儿童的谈话可能会暗示他们可以采用哪些策略来解决问题，因而影响他们策略的使用。

总体而言，微变化研究法克服了传统研究方法的某些缺陷，对它们做了有益的补充。但是，该方法也具有自身的不足之处。我们在使用的过程中应该充分认识到它的优势和局限，扬长避短，以发挥它的最佳效果。下面几章将通过具体事例来详细说明微变化研究法的运用及其注意事项。

第三章 国外微变化研究法
研究实例（一）

本书的第一、二章介绍了微变化研究法的一些基本概念，我们对微变化研究方法有了初步的了解。从本章开始，我们将要接触到一些使用微变化研究法的研究实例。通过对这些具体例子的研读和分析，我们能够对微变化研究法的运用有更加直观、深入的认识，对我们将来设计自己的微变化研究具有借鉴意义。微变化研究首先兴起于国外，因此，本书首先开始介绍的研究是由国外研究人员完成的，在接下来的几章中，本书再重点介绍国内运用微变化研究法进行的研究。

本章介绍的是关于儿童认知策略的研究，由微变化研究法的倡导者 Siegler 和 Stern 合作完成，原文发表于 1998 年，刊登在由美国心理学会主办的《实验心理学》杂志上（*Journal of Experimental Psychology: General*）。本书在翻译的基础上，对原文进行了一定的改写和分析。

研究案例

有意识和无意识的策略发现：微变化分析法

Robert S. Siegler　　　Elsbeth Stern

理解儿童思维的变化非常具有挑战性。一些挑战是概念性的。在任何既定时间描绘和解释儿童的思维都非常困难，而要理解什么在发生变化以及这些变化是怎样形成，就更加困难。另一些挑战是方法上的。正如大多数纵向和横向研究一样，以 1 到 3 年的时间间隔来考察儿童的思维，能显示出这段时期内发生了什么变化，但却不足以表明这些变化是怎样发生的。

微变化研究法提供了需要用来理解认知发展所需的变化能力方面的种种详尽数据。Siegler 和 Crowley（1991）用三个特性给这些方法下了定义：(a) 在能力方面出现快速变化时观察跨度越大越好；(b) 这个时期内的观察频度相对较高；(c) 观察要逐次详尽记录，目的在于详细了解变化过程。

高频的观察对于了解快速的变化能力尤其重要。它提供了用来判定变化中确切发生的情况的数据，而不是将理解局限于比较变化前后得出的推论。例如，它能分辨出在哪道题上该儿童首次使用了新的策略，这样反过来能分析出什么导致了这种新策略的发现以及这策略是怎样被总结出来的。对变化能力的高频度抽样还能够辨别出一些过渡性策略。在了解儿童思维变化方面，微变化研究法在不同领域都被证明是有用的：如科学推理（Kuhn, Amsel, & O'Laughlin, 1998；Kuhn, Garcia-Mila, Zohar & Andersen,

文章一开始就指出了研究变化的复杂性以及以前研究的不足。正如本书提出，纵向和横向研究时间跨度较大，无法捕捉到变化的过程、急剧变化的瞬间以及变化的内在原因等等。

微变化研究法作为一种用来研究变化的方法，拥有自身明显的特征和优势。

微变化研究法对研究快速发展的儿童认知能力有着独特的优势，并被广泛用于各类认知能力的研究。

1995；Schauble，1990，1996），记忆策略（Bray，Saarnio，Borges & Hawk，1994；Coyle & Bjorklund，1997），方法理解（Granott，1993），绘图和语言发展（Karmiloff-Smith,1992），简单加法（Siegler & Jenkins，1989）。

本研究旨在检测微变化研究法是否也能够加强我们对于意识在儿童策略发现中所起作用的认识。任务涉及到算术技巧问题。

1. 逆运算问题

逆运算的原理是加减同一个数得数不变。了解这个原理能够通过使用捷径策略解决如 $28+36-36$ 这样的题目：只要忽略那个既被加又被减的数即可。这种捷径策略的生成似乎只需要小小的领悟力：这类算术题目的答案可以在不进行算术运算的情况下获得。

文章的这部分首先介绍了逆运算的概念。

Starkey 和 Gelman（1982）声称 3 岁大的儿童能算出简单的逆运算题，尤其是 $1+1-1$ 和 $1-1+1$。但是，正如这些调查人员所注意到的，得到的数据（正确答案的百分比）并不能确定儿童加减了所有的三个数还是用了捷径。

在以下的几段文章里，作者简单回顾了几项关于儿童逆运算能力和策略的研究。

Bisanz 和 LeFevre（1990）设计了一个精密计时法来区分这些策略。他们给出两种算术题：逆运算题（$a+b-b$）和普通题（$a+b-c$）。他们还系统地改变了两种类型的题目中 b 的大小。他们的逻辑是如果儿童使用捷径策略，b 的大小不会影响解逆运算题使用的时间（因为 b 既不被加也不被减）。相反，如果儿童进行加减，做题的时间则会随着 b 的变化而增加，正如他们在计算普通题时加上 b 是解题所必要的。

组间分析表明所有受试年龄组（从一年级学生到成年人）在计算逆运算题时往往快于普通题。但是对于个体行为分析表明，在一年级到四年级组别中，只有小部分儿童（约 40%）使用捷径策略。一部分儿童加减了所有的数字（计算策略）。其他学生使用了部分计算策略，即：先把 a 和 b 相加，然后直接报出结果，中间没有减法的过程。

使用捷径策略不仅要求知道逆运算原理而且要求能够在计算特定题目时使用它。这种策略的识别似乎受到能否接触到这类题目的影响。可能当逆运算题越持续频繁地出现时，捷径策略就越能被激活，从而就比普通计算方法更经常得到使用。

以前所有关于逆运算题的研究是基于这些分析，即在解决一整套题目时某个儿童被归为是否使用了某个策略。但是，当对算术任务进行逐题测评时，个体儿童被观察到使用了各种各样的方法（如 Geary，1990，1995；Siegler，1987a，1987b）。因此，儿童在逆运算题目上的策略使用可能比这些先前的研究所总结出的策略使用更变化多端。

作者在这儿指出了以往研究在方法上的不足之处，并且提出每次任务的完成都应该进行详细的记录和分析。

逆运算题目具有一个特性，它对逐题考察策略使用和研究意识在策略发现中的作用尤其有前景。每次运算者使用的策略可以通过两种方法分别进行测评。一种方法是立刻给出回顾性口头陈述，在先前的许多研究中已使用过。这些研究结果表明，当儿童们给出答案后立刻被问道："你是怎样算出那道题目的？"，他们通常能对他们

采用逆运算题目在研究策略使用和变化时的优势。

采用的运算策略给出有效的陈述（Geary，1995；Siegler，1987a，1987b）。

逆运算题目的独特性在于可以为口头陈述所提供的关于策略使用的显性的有意识的测评提供隐性的测评补充：解题时间。通常，解题时间对于推测在某题上生成解题时间的策略是不够的。但是，对于测评儿童在逆运算题目上的策略使用，解题时间在相当大程度上更具有启示性。原因在于这些题目的解题时间呈双峰分布；当捷径策略被使用时解题时间非常短，而进行加减时则时间要长得多。正如在下面方法部分所描写的那样，我们因此能够对捷径策略的使用进行隐性和显性双重且独立的测量。

此研究运用了口头汇报和运算时间这两种显性和隐性的测量手段来衡量策略的使用。比起先前的研究，在方法上有了一定改进。

2. 研究概述

在本次研究中，德国二年级学生（8 到 9 岁）一共参加 8 次算术题运算的测试。第 1 次用来甄别和挑选不会使用捷径策略的儿童。挑选出来的儿童被随机分配到加减逆运算组（blocked group）或普通加减混合题组（mixed group）（以下简称混合题组和逆运算组）。在第 2 次到第 4 次期间，他们各自计算本组指定题型的题目：逆运算组是100% 的逆运算题，而混合题组是 50% 的逆运算题和 50% 的普通题。第 5 次时两个组的儿童都计算一套混合题目；目的在于考察儿童们的表现是否会随着题型的改变而改变。第 6 次时儿童们计算在第 2 到第 4 次中所做的同类题目。第 7 次他

此研究使用的多次重复任务和评估检查的方法是微变化研究的一个特点，目的是揭示出研究对象的认知能力是如何在一次次的尝试中发生变化的。本研究一共进行了 8 次实验。正是从不断重复尝试的过程中，研究对象不断发展变化着的策略使用情况和轨迹得到了充分的展示。

们计算类似第 5 次中的混合题目；目的在于测定解决逆运算题目的额外体验是否能导致对捷径策略更广泛的归纳。第 8 次时加入一些归纳题，用来评估捷径策略的使用属于适当归纳还是过分归纳。本研究的概况在表 1 中列出。

表 1. 研究概述：每次每组的题目类型

次	组别	
	逆运算组	混合题组
1	逆运算题，普通题和学习能力测试	逆运算题，普通题和学习能力测试
2	逆运算题	逆运算题和普通题
3	逆运算题	逆运算题和普通题
4	逆运算题	逆运算题和普通题
5	逆运算题和普通题	逆运算题和普通题
6	逆运算题	逆运算题和普通题
7	逆运算题和普通题	逆运算题和普通题
8	逆运算题，普通题和归纳	逆运算题，普通题和归纳

3. 认知变化的 5 个维度

微变化研究法提供的详细数据为考虑儿童思维变化提供了概念上的框架。在这个框架内有 5 个变化维度上的区别：路径、速率、广度、变异性和原因（Siegler，1995）。变化路径是指掌握一个特定概念或技能的顺序。变化速率是指一种新出现的变化（技能、策略等）将以何种速度得到持续使用。变化广度是指在新的条件和环境下新方法的运用范围。变化的变异性指变化过程中儿童中的个体差异。变化原因指导致变化的所有因素。这框架为预测计算逆运算题中发生的变化提供了基础。

微变化研究一般从 5 个方面来考察变化的不同方面，即论文在这部分提到的路径、速率、广度、变异性和原因。论文在接下来的部分分别就这几个方面进行了具体解释，并且根据以往研究的结果，在这几个方面基础上形成了本研究的假设。

3.1 变化原因

就变化原因而言，我们研究对象在运算过程中策略使用的变化主要取决于他们是计算逆运算题还是计算混合题。在逆运算题组中，20题可用到捷径策略，这比20题中只有一半题能使用捷径策略的混合题组更能激活捷径策略的使用。如果情况是这样，那么逆运算题组应该能够 (a) 更快速地发现捷径策略；(b) 更多地使用捷径策略，一旦这些策略被发现后；(c) 在能使用捷径策略的新题型（如：$a + b - a$）上对捷径策略有更高的正确类化百分比；(d) 在不能使用捷径策略的新题型（如：$a + b + b$）上对捷径策略有更高的不正确类化百分比。

在变化的原因方面，作者认为研究对象每次计算的题型是关键因素，因为逆运算题比混合题更能激活捷径策略的发现和使用。

3.2 变化路径

Bisanz 和 LeFevre (1990)、Stern (1992, 1993) 指出儿童在逆运算题上使用了5种策略：计算、部分计算、无意识捷径策略、计算＋捷径策略和捷径。在表2中，这5种策略按从低水平到高水平的顺序排列。假设的无意识策略使用有如下特征：4秒或4秒不到的计算时间和无外显计算行为。如果儿童使用了捷径策略却没有意识到，那么无意识捷径策略就形成了。在使用这种策略解题时，答案毫无疑问应该是正确的，因为儿童依赖捷径获得了答案（即使他们没有意识到他们是这样去做的）。

第二种假设的方法是计算＋捷径策略。它的特点包括大于4秒的计算时间和能够表明捷径策略使用的口头陈述。当儿童开始部分实施计算策略后不久发现他们不必进行加减时，这种策略就

作者首先总结了5种以往研究发现的儿童逆运算策略。在变化路径方面，即这些策略发现和使用先后顺序方面，作者的假设是无意识策略的发现应先于有意识策略，而且受试应该从最初过度依赖较低级的策略转而使用更高级的策略。

会出现。这些题目的答案也应该总是正确的（因为是使用捷径方法获得的），并且外显行为应该常见（因为儿童是通过计算开始解题的）。

尽管 5 种策略的相对复杂性是显而易见的，但是无意识捷径策略还是计算＋捷径策略应该被视为更高级则要取决于评估标准。就速度而言，无意识捷径策略更高级。两种策略都会达到100% 的正确率，但使用无意识捷径使解题过程更快，因为它不需要运算就能得出答案。另一方面，就使用策略时所需的知识而言，计算＋捷径会更高级。不同于无意识捷径策略的是，它需要说出解题中的捷径使用。这种要求使得在两种策略都使用的儿童中间，无意识捷径方法的最初使用可能先于计算＋捷径方法。

实际上，如果儿童确实使用假设的无意识策略，我们就能测试一个关于有意识和无意识策略发现的特别有趣的预言：无意识策略发现应先于有意识策略发现。逻辑如下：如果策略发现反映了新策略激活的逐渐增强，如果不能描述的新策略比能够描述的新策略需要的激活的水平更低，那么儿童在使用计算＋捷径或捷径策略之前——这两者的使用都需要受试能够清楚地把策略表述出来——应该使用的是无意识捷径，因为该策略不需要描述捷径。

根据以上分析，我们假设儿童在每次计算逆运算题时应使用多种策略。他们也应该从十分依赖次高级的策略转而依赖更高级的策略。最初他们应该侧重于依赖计算策略，在稍后阶段增多使用部分计算策略，在更后的阶段更多使用无意识策略和计算＋捷径策略，在最后期阶段使用捷径策略。

作者在最后总结时，具体地推断出这 5 种策略发现和使用的顺序和过程。

表 2. 策略示例和解释

策略	解题时间（秒）	以 18＋5－5 为例的典型外显行为示例	外显行为	受试的自我解释
全程计算	＞4	"18＋5……19，20，21，22，23〔一次竖起一个手指〕……23－5；22，21，20，19，18〔一次放下一个手指〕；是 18"	能观察到计算的过程	描述了加减的全过程
部分计算	＞4	"18＋5……19，20，21，22，23〔一次竖起一个手指〕……23－5；是 18"	能观察到部分计算过程	只描述了加法的过程，没有减法的步骤
无意识捷径策略	≤4	无	不能观察到计算的过程	解释不清楚计算过程
计算＋捷径	＞4	"18＋5……19，20，21……噢，是 18"	能观察到部分计算过程	描述了捷径策略的使用
捷径策略	≤4	无	不能观察到计算的过程	描述了捷径策略的使用

3.3 变化速率

Bisanz 和 LeFevre（1990）、Stern（1992，1993）指出在小学阶段捷径策略使用数量少得惊人，并且伴随着相对较低的增长。许多儿童只是有时使用捷径策略，因此其价值不足以在整体的解题时间上得到凸显。这种推理以及以前微变化研究得出的结论都表明，在本研究中，大部分的二年级学生在研究初期会有时使用捷径策略，并且其使用将逐渐增多，超越最初水平。

在变化速率方面，作者推测本研究的受试在实验后期将逐渐增加捷径策略的使用。

3.4 变化广度

Stern（1992，1993）发现在解答逆运算题时捷径策略在逆运算组里比在混合题组得到更连贯的使用。这种持续激活假设表明，在给出的全部都是逆运算题的情况下比给出的是混合题的情况下更能导致大范围的捷径策略方法的准确归纳和过度归纳。

在变化广度方面，逆运算组和混合题组将会呈现出差异。逆运算组的受试可能会更准确地归纳和使用捷径策略，但是也会更多地出现过度归纳的现象。

3.5 变化的变异性

Bisanz 和 LeFevre（1990）、Stern（1992，1993）通过识别每个儿童使用的主要策略来测评个体不同。本研究使用的微变化方法允许对个体差异进行更细微的考查。例如，它能使我们比较在逆运算组和混合组中每个儿童每次实验中使用策略数量上的变化。此外，逆运算组的儿童在随后的几次实验中越来越依赖捷径策略，所以在后面的实验中他们应该比混合组的儿童使用更少的策略。

在变化的变异性，即个体差异方面，微变化研究能够更加细致地考察每次每人的变化，可以提供更加详细的研究数据。

4. 方法

4.1 参与对象

原先的抽样对象包括德国慕尼黑市的参加课后活动中心学习的 39 名二年级学生。其中 8 名学生至少有一次在前测中使用了捷径策略，所以没有继续参加该研究。剩下的 31 名儿童（18 个女孩和 13 个男孩；平均年龄：8.75 岁；年龄范围：

微变化研究要求对研究对象逐人逐次进行观察、记录，所以，一般使用该方法的研究都不可能是大规模的定量研

在本研究初期从 100 个月到 115 个月不等）被随机分配到两组。三位年龄从 22 岁到 26 岁不等的女研究助手负责 8 次测试。

4.2 第 1 次（前测）

前测分为两部分。在第一部分里，儿童被要求计算 20 道加法题，一半是 $a+b-b$ 的形式（逆运算题），另一半是 $a+b-c$ 的形式（普通题）。每题中的第一个数字从 8 到 50 不等，第二和第三个数字是从 3 到 18 不等。每题中的头两位数相加总会有进位运算；目的在于儿童在计算这些题时会比用捷径方法费时长得多。每个题目以"$N+N-N=?$"的形式横写在 10×20 厘米的卡片上。

在另外一天进行的前测的第二部分中，儿童们参加了算术能力测试（Stern，1997）。测试的一部分为算术文字题，另一部分为儿童解答算术计算题的速度测试。这个测试的结果用来将儿童分配到不同的组中。

4.3 第 2-7 次实验（练习）

在每次的练习实验中，混合组的儿童计算 10 道逆运算题和 10 道普通题。在逆运算组的儿童在第 2、3、4 和 6 次中计算 20 道逆运算题，无普通题；在第 5 次和第 7 次中他们和混合组的儿童计算相同的题目。每次实验中使用一套不同的题目；题目总是随机给出。

究。本研究涉及的研究对象有 31 名，已经算是比较大型的微变化研究了。同样，因为微变化研究的实验过程比较复杂、精细，对研究人员的数量和要求也较高。通常，一名研究人员可能无法同时对所有研究对象进行跟踪和观察，所以，由训练有素的研究团队来完成实验过程对收集到高质量的数据大有裨益。

本研究采用了微变化研究最常见的多次重复观察、记录和测量的方法。这种设计要求在任务类型、难度以及外部环境等各个方面控制好每次实验的进行，使得每次变化之间具有较大的可比性。

4.4 第 8 次（转移）

在最后一次实验中，两组的儿童都被给出 48 道题，其中 8 题遵循以下题型：a＋b－b、a－b＋b、a＋b－a、a－b－b、a＋b＋b 和 a－b＋a。如果能对捷径策略作出正确的归纳，则他们就能对没见过的题型 a－b＋b 和 a＋b－a 和见过的题型 a＋b－b 使用这个策略。只要作出的归纳不正确，就会导致他们忽视题中的第二个数字和第三个数字并且六种题型的答案都是 a，而不仅仅只是在两种题型上得出答案 a。

在第 8 次实验中题目需要的计算量相差无几，每题三个数字之和的平均值从 53 到 59 不等。逆运算题和普通题的计算量也差不多，每题三个数之和的平均值分别为 56 和 58。逆运算题的三数之和从 23 到 86 不等，普通题从 15 到 93 不等。

4.5 过程

所有的受试儿童在课后学习中心的一个安静的教室每周测试一次。在第一次开始时，他们被告知需要完成卡片上的 20 道题。完成任务的最重要目标是答案要正确，但他们也应该尽快答题。他们还被告知在完成每题后，他们会被询问是怎样解题的。在随后的几次实验中，实验者简要地重复实验说明。

所有儿童直到实验者翻开卡片后才能看到卡片上的内容。当实验者翻开卡片时，她就开始用秒表计时；当该儿童做出答案时她就停止计时。

在该儿童答完题后，实验人员问："你是怎样

论文在这儿提及的要求受试在每题完成后进行的回溯性汇报对于微变化研究同样也是非常重要的一个环节。每次的汇报能够对以后的数据分析和解释提供可靠的依据。因为微变化研究法相对于其他一般的研究方法，将定性研究的部分做得更加细致，也

算出结果的？"如果儿童回答是含糊不清的（如"我看到的"或"我算出的"），实验人员就会追问细节。例如，如果儿童说："我算出的"，实验人员就问："你是怎样算的？"在每题完成后，实验人员立刻写下儿童的答案、解题时间、对策略使用的当场回顾及对实验中出现的任何看到的和听到的情况描述。除了受试的口头汇报，实验过程的全程录像提供了所有的回放资料。

因此更加具有数据详尽、分析精细的特点，所以，对于研究对象的心理感受和任务完成情况的回顾等有关实验过程的详细记录是必不可少的。如果没有进行这些询问和访谈，许多掩盖在可以观察到的现象背后的非常有价值的信息就会丢失而造成无法挽回的损失，留下遗憾。

5. 结果

在这一部分，我们首先提供该实验结果的概况，然后再详细地分析实验在策略变化的路径、速度、广度、变异性和原因等方面得出的实验结果。

5.1 数据概述

表3. 混合题组和逆运算组的表现

策略	使用率 (%)	正确率 (%)	外显率 (%)	平均解题时间 （秒）
混合题组				
计算	40	74	78	16
部分计算	27	100	68	10
无意识捷径	9	100	0	3
计算+捷径	9	100	48	11
捷径	16	100	0	3

（待续）

（续表）

策略	使用率(%)	正确率(%)	外显率(%)	平均解题时间（秒）
		逆运算组		
计算	38	73	83	16
部分计算	7	100	71	10
无意识捷径	17	100	0	3
计算＋捷径	3	100	77	10
捷径	35	100	0	2

表 3 给出了关于策略使用频率、速度、正确性及可能伴随的外显行为的数据。这些数据按两个实验组分别给出。从表中可以看出三个突出的事实：(a) 两组儿童都使用了五种假设策略；(b) 两组儿童策略使用的频率不同；(c) 两组使用每种策略的正确性、速度和可能伴随的外显行为都十分相似。因此，实验操作影响着这些策略使用频率而不是这些策略是否被使用或怎样被使用。

下面是关于策略使用频率的具体研究结果。逆运算组的儿童更多地使用更高级的策略，而混合组题组的儿童更多地使用次高级的策略。尤其是逆运算组的儿童，他们使用捷径策略这种最高级的频率超过混合组的儿童，t (29) =4.42，p＜.001。他们也经常使用无意识捷径策略，t (29) =3.97，p＜.001。混合组的儿童使用部分计算这一次高级策略的频率高于逆运算组的儿童，t (29) =10.68，p＜.001。他们也更经常使用计算＋捷径策略，t (29) =5.09，p＜.001。在计算策略这种最低级的方法的使用上两组没有区别。

除了更多地使用比较高级的策略之外，逆运

论文在汇报研究结果时，首先概括地介绍了定量部分的研究结果。定量的研究结果可以给我们读者一个关于研究结果的整体概念，是后面进一步进行定性的深入分析的前提，也让读者能够顺理成章地更好理解接下来更详细的分析。

研究不仅给出了两组总的数据，还对这两组的表现进行了对比，总结了两组儿童在策略使用频率、正确率以及解题时间等方面的差异和共同点。

算组的儿童解题速度更快（平均解题时间分别是 8 秒和 10 秒），t (29)=3.90，p < .001。这种差别很大程度上是因为逆运算组的儿童更多地使用两种最快的策略：捷径策略和无意识捷径策略（两组的比率分别为 52% 和 25%）。两组儿童在正确率上没有区别，在计算 90% 的题目时，两组儿童的解题都正确。

下面我们将就变化的路径、速度、广度和变异性进行更详细地分析。关于变化原因的研究结果分布在这四个部分中，因为儿童是计算混合题还是逆运算题会影响变化的其他所有方面。

5.2 变化路径

每次实验中策略使用频率的变化。观察变化路径的一种方法就是考察在计算逆运算题时不同策略使用频率上的变化。图 1 给出了儿童在两组实验条件下的策略使用频率。条形图内由浅到深的条状色块对应复杂性由低到高的策略，最浅的代表最低级策略（计算），最深的代表最高级策略（捷径）。因此，如果整体上长条颜色看上去越深，儿童使用的策略越高级。

在这一部分，作者汇报了关于变化路径的研究发现。微变化研究的一个重要特点就是能够比较详细地记录变化的整个过程。对于变化路径的分析可以让读者了解变化的顺序和细节，是分析变化中不可缺少的环节。另外，作者巧妙地使用了图形，把变化的过程更加清楚地呈现出来，使人一眼就能看见数据中最显著的变化趋势。图形的有效使用也值得借鉴。尤其在汇报变化结果时，各种条形图、曲线图能够帮助我们把结果比较直观地呈现出来，比起文字表述，显得更加简洁、明了。

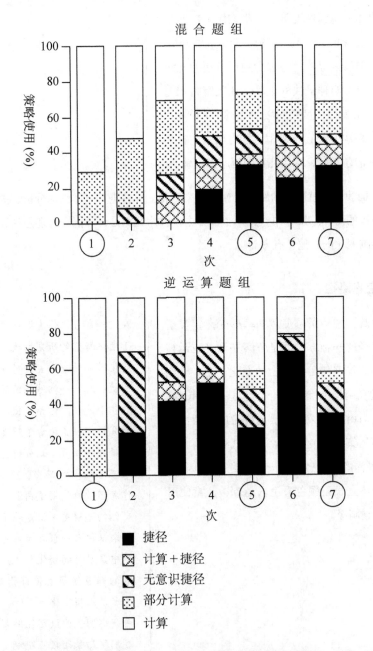

图 1. 七次实验中的策略使用变化。阴影部分越深,策略使用越高级。因此,后面
每次实验中阴影的深度不断增加表明更高级的策略得到更多使用。第 1、5、7 次
实验上的圆圈表明逆运算组和混合题组的儿童接受同样的题目。

首先考虑一下图1中比较明显的总体趋势。第一次实验（前测）时，两组儿童都计算混合题，结果显示，他们都只使用了计算和部分计算这两种比较低级的策略，并且他们使用这两种策略的频率也是相似的。在第2、3和4次实验中，逆运算组的儿童接受的是100%的逆运算题，而混合组儿童接受的是50%逆运算题，50%普通题。研究结果说明，在这几次实验中，两组儿童都趋向使用更高级的策略，但是前者的进展更快，达到的层次更高。在第5次实验时，两组儿童都接受50%的逆运算题和50%的普通题。这一次每组儿童计算逆运算题时都比在第1次计算同类的题目时使用了更高级的策略，但逆运算组儿童使用的策略没有第4次高级。在第6次实验时，当逆运算组儿童又接受100%的逆运算题时，他们对最高级策略的依赖性超过前面的所有实验。另一方面，混合组的儿童如前几次实验一样持续接受50%的逆运算题，他们的表现和4、5次实验时差不多。最后，在第7次实验中，两组儿童都如第5次那样接受50%的逆运算题。正如前面的第5次实验，两组儿童生成了类似的策略使用模式，其中逆运算组儿童比第6次更加依赖比较低级的策略。

每次使用捷径这种最高级策略的百分比变化对策略变化的路径特别具有说明性（图2）。在第2-4次实验中，逆运算组儿童计算逆运算时使用的捷径策略比例比混合组儿童要高得多，$t(28) > 3.93$，$p < .001$。在这几次实验中，逆运算组的儿童接受100%逆运算题，而混合组的儿

这里，作者具体用文字说明了从第1次实验到第7次实验的整个过程中，两个实验组在不同策略使用频率方面的变化。可以看出，作者的描述非常细致，每次的变化都有详细的说明。配合着图形的展示，文字的说明一步步地把7次的变化串成一个越来越清晰的画面，使我们对于变化的过程有了完整的了解。

作者又进一步采用了另外一个指标：最高级策略的使用来说明变化的路径，使得两组间的区别更加突出。同样，图2的使用让我们对于两

童接受 50% 逆运算题和 50% 普通题。在第 5 次实验中当两组儿童都接受混合题时，他们的捷径策略使用没有不同。第 6 次实验中，逆运算组再次接受 100% 的逆运算题时，他们比第 4 次更频繁地使用捷径策略。他们和混合组儿童在捷径策略使用上的差距比哪次都大，t (28)=5.53，p < .001。第 7 次实验中当两组儿童又一次接受混合题时，他们捷径策略使用的频率又差不多。因此，逆运算组的儿童在计算单一的逆运算题时，他们学会持续使用捷径策略，但是当题目中混杂着普通题时，他们就不能同样频繁地使用捷径策略。

组在捷径策略使用上的变化和差别一目了然。

策略发现的顺序。 变化路径的另一方面体现在不同策略第一次出现的顺序。图 3 提供了这些数据。在逆运算组中，超过 80% 的儿童首先使用

变化的顺序也是考察变化路径的一个重要方面。在论文的这一

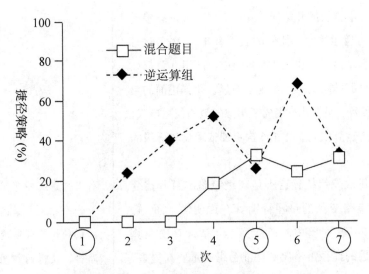

图 2. 混合题组和逆运算组儿童每次实验的捷径策略使用百分比

第 1、5、7 次上的圆圈表示两组儿童接受同样的题目。

计算策略，接着是部分计算策略，然后是无意识捷径策略，最后是捷径策略。这些儿童中有一半在最后一次实验中使用了计算＋捷径策略，另外一半没有使用。

混合组儿童开始的情况类似，80%的儿童首先使用计算策略，接着是部分计算策略，然后是无意识捷径策略。但是，混合组三分之二的儿童在使用捷径策略之前使用了计算＋捷径策略。因此，两组的大多数儿童按顺序发现了所有假设的策略，所循的顺序与这些策略假设的复杂性顺序基本吻合。唯一例外的是逆运算组几乎所有儿童在使用计算＋捷径策略之前发现了捷径策略。

部分，作者对比了两个实验组在策略使用先后顺序上的异同，其中最主要的差别是在捷径策略发现的先后顺序上，两组存在着差异。

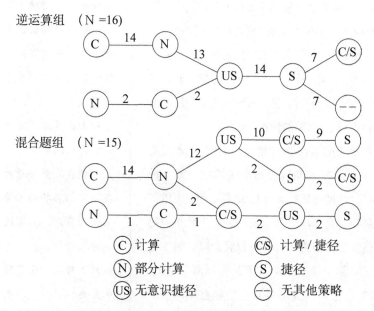

图3. 首次使用的策略顺序。左边是首次使用的策略；右边是最后使用的策略。圆圈内的字母表示使用的策略；圆圈之间的数字表示按顺序使用策略的儿童的人数。因此，在左上方的C和N之间的14表示逆运算组的14名儿童首先使用计算策略然后使用部分计算策略。为简便起见，只展示了31名儿童中27名儿童生成的5条主要的策略发现顺序。这就是为什么图中人数并不总是等于该组儿童总数的原因。

*捷径策略的有意识和无意识发现。*因为我们不仅可以根据儿童的口头汇报，也可以通过解题时间来判断策略的使用，所以即使这些儿童还不能够用语言清楚地汇报他们所用的策略，通过计算他们的解题时间，我们也能够判定他们是否使用了捷径策略。

由此得出的结果是惊人的。逆运算组的 16 名儿童中，有 14 名儿童在使用计算＋捷径或捷径策略之前就使用了无意识捷径策略。剩下的 2 名儿童中，一个使用了无意识捷径但从未使用另外两种方法，另一个使用捷径策略在前，无意识捷径在后。因此，逆运算组中的 16 名儿童中有 15 名在口头承认使用了捷径策略之前就表现出解题时间短这一捷径策略的特征。这不是因为这些儿童缺少捷径说明的口头表达能力，他们在本研究的另外几次实验中能够给出捷径说明。恰恰相反，这些数据表明，对于逆运算组的儿童而言，捷径策略的无意识使用出现在有意识承认该策略的使用之前。

混合题组的情况基本相似。组中 15 名儿童中有 12 名儿童在使用需要捷径说明的任意一种策略（即：计算＋捷径或捷径策略）之前使用了无意识策略。剩下的 3 名儿童中，有 2 名在使用无意识捷径之前使用了计算＋捷径策略，另 1 名只使用了计算＋捷径策略。因此综合两组情况，31 名儿童中有 21 名（88％）在能够直接说明使用捷径策略之前已经表现出解题时间短的特征，而这间接说明了捷径策略的使用。

在考察了各类策略发现的先后顺序和两组儿童在捷径策略发现上的差异后，文章在这部分把捷径策略区分成无意识发现和有意识发现来进一步讨论这两种有着本质区别的捷径策略的发现顺序。这种层层推进、逐步细化的方法也是微变化研究方法的独到之处。通过这种细致的分析，我们对于策略变化的路径的认识也逐步深入：从所有策略的整体发现顺序到单个策略的发现和使用顺序。这种由面及点的定性分析和讨论比起仅限于面上的数据定量分析对于我们认识事物的本质有更大的帮助。只有通过这样的分析，我们才意识到策略的发现可能是从无意识开始，逐步转化为有意识的使用。

捷径策略发现之前和之后的策略使用。逐题对每个儿童的策略使用进行测评使我们能够对捷径策略使用前后的变化路径作出判断。图 4 显示了发现捷径策略的逆运算组的 15 名儿童和混合组的 13 名儿童微层次变化路径。儿童第一次使用捷径策略的那一题设为第 0 题。第 –3，–2 和 –1 题表明儿童发现策略之前的三个题目中策略的使用情况，题目第 1–3 显示策略发现之后的三道题目中的策略使用情况。

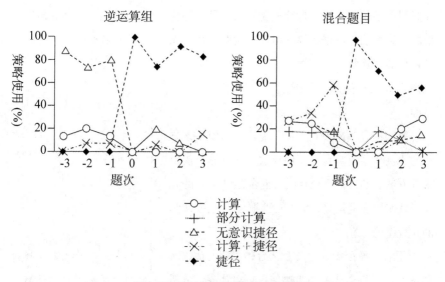

图 4. 发现捷径策略前后的策略使用情况
数据来自首次使用捷径策略的实验数据。

图 4（左）所示，逆运算组中约 80% 的儿童在捷径策略发现之前的三道题目中每次都使用了无意识捷径策略。在计算这些题目时，儿童的快速解题时间表明他们使用了捷径策略，但他们的口头陈述表明他们并没有意识到使用了该策略。这组儿童在首次使用捷径策略之后，约 80% 的儿童在随后的三道题目中继续使用。

文章在前一部分将捷径策略的发现区分为无意识和有意识。这里，文章对有意识捷径策略发现前后的变化路径进行了逐题分析，部分揭示出捷径策略发现的过捷径策略发现的模式在混合题组中是大相径庭的（图4，右）。在捷径策略发现之前的三道题目中，只有23％的儿童使用了无意识捷径策略，这比逆运算组的80％要少得多。相反，在首次使用捷径之前，混合题组儿童比逆运算组儿童更频繁地使用计算＋捷径策略；混合题组中有54％的儿童在捷径发现的前一道题目中使用此策略。和无意识捷径策略一样，计算＋捷径策略是一种重要的过渡方法。使用计算＋捷径策略时，儿童先开始用加减法解题，在解题过程中意识到这些计算是多余的，然后运用逆运算原理作为解题的基础。

紧随捷径策略发现之后，混合题组使用该方法的比例比逆运算题组下降得快。在计算首次使用该方法后的第一个题目时，混合题组73％的儿童继续使用捷径策略，而在后两题中只有约50％的儿童使用。

无意识捷径策略之前和之后的策略使用。正如逐题考察每个儿童的策略使用可以让我们分析紧随捷径策略发现前后的变化路径一样，这种微变化分析方法也可以让我们观察无意识捷径策略的发现过程。在图5中，每个儿童首次使用无意识捷径策略被定为0题。根据定义，在0题上100％的儿童使用了无意识捷径策略。–3题上的图示表明首次使用无意识捷径策略前的三道题上使用每一策略的儿童百分比，–2题上的图示表明该策略发现前的两道题上的策略使用情况，依次类推。

程。通过对比捷径策略发现前后三道题上的策略使用情况，可以说明捷径策略发现的条件和随后的使用变化，揭示出有意识捷径发现前后的变化路径。同时，也对两组之间的异同进行了分析和讨论。

同样，对于无意识捷径策略发现前后的逐题分析对于我们了解具体策略的发现过程也有一定的意义。和有意识捷径策略的发现一样，比较无意识捷径策略发现之前和之后的表现能够揭示出策略出现的特点和条件，两组儿童迥然不同的表现也说明了这

　　根据图示，我们可以看到：在发现无意识捷径策略的过程中，两组儿童的表现大为不同。在逆运算组中（图5，左），所有儿童在首次使用无意识捷径策略之前的三题上都使用了计算策略。当他们首次使用无意识策略之后，大部分儿童在随后的三题上都继续使用该策略。在第四题上，50%儿童使用了无意识捷径策略，50%儿童使用了捷径策略。

　　相比之下，混合题组中儿童首次使用无意识捷径是孤立地发生的（图5，右）。在首次使用该策略前后，大部分儿童使用了计算或部分计算策略。在紧随首次使用无意识策略之后，无意识捷径策略和捷径策略没有被频繁地使用。

点。在不同条件下，同一策略的发现过程可以是截然不同的。

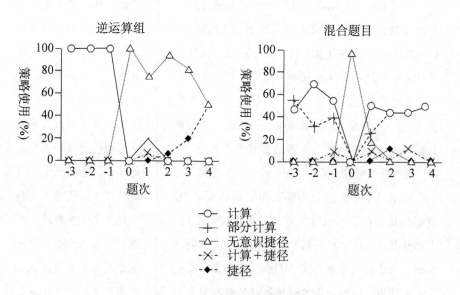

图 5. 发现无意识捷径策略前后的策略使用情况
数据来自首次使用无意识捷径策略的实验数据。

5.3 变化速度

儿童开始使用捷径策略后，他们逐渐地增加使用频率。如预料一样，逆运算组的捷径使用变化速度快于混合题组。原因在于逆运算组在所有题目上能够使用该策略，而混合题组只能在一半题目中使用该策略。但即使在逆运算组中，捷径策略使用增加的速度也是渐进的。

在逆运算组中，81%的儿童在第2次实验时开始使用捷径策略，另外的13%在第3次时开始使用。但如图6所示，该组中的大部分儿童直到第6次实验才在大部分题中使用捷径策略。在所有实验中，不超过20%的儿童在所有10道逆运算题中使用捷径策略。

逆运算组的儿童在其他一些策略的使用上表现出更快的变化。从第1次实验到第2次实验，他们使用计算策略的题从73%下降到28%，使用部分策略的题从27%下降到0%（图1）。无意识捷径策略作为短期过渡方式，它的使用从第1次实验（0%）到第2次实验（46%）迅速上升，第3次实验中下降至15%，随后保持类似的水平。除了这些特殊情况，策略使用的变化是渐进的。

在混合组中，捷径策略的使用更具渐进性。该组的儿童花了好长时间才开始使用捷径策略。大部分儿童（69%）在第4次实验时首次使用该策略，其余的大多数儿童（23%）在第5次实验中首次使用。因此他们发现该策略的时间要普遍迟于逆运算组的儿童。此外，混合组的儿童从没有持续使用捷径策略（图6）。在第5、6和7次实验中，该组几乎所有儿童在一些题中使用了捷径

变化速度也是微变化研究法研究变化的一个重要方面。变化速度指的是变化发生的快慢。有些时候，我们观察到的变化是渐进的，但是有时候，在不同的个体中间，在不同的时候，变化的速度往往有快有慢。微变化研究法所注重的研究方法能够反映出变化在不同条件下有可能出现的不同速度。文章的这部分，作者对比了在两种不同的实验状态下，各种策略在变化速度上的不同。作者首先比较了两组在捷径策略的使用频率变化上的不同。总的说来，在捷径策略的使用上，两组的变化速度都是一个逐渐增加的过程，但是混合题组儿童捷径策略使用的变化速度比逆运算组儿童更加缓慢。

策略，但只有 1 名儿童（7%）在每次实验的大部
分逆运算题中使用该策略。如图 1 所示，混合题
组儿童的其他所有策略使用变化也是渐进的。

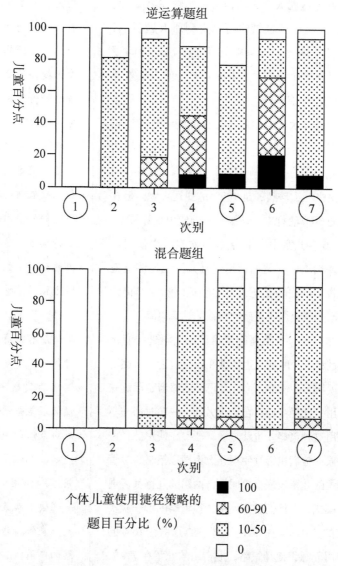

图 6. 在特定的一次实验中在一定百分比的题目上使用捷径策略的儿童百分比
例如，逆运算组的第 2 次实验中的黑点部分表明，该次实验中，在 10% 到 50%
的题上 80% 的儿童使用了捷径策略。

令人感到奇怪的是儿童发现捷径策略后对计算策略的持续使用。对于混合题组这不难理解，因为儿童需要使用计算策略解决普通题。但是对于逆运算组这就太令人吃惊了。尽管在第2、3、4和6次实验中捷径策略可以用到所有题目上，尽管捷径策略比计算策略解题更正确，时间更短，但是在整个研究中，儿童还是持续、频繁地使用计算策略（图1）。

考察第4次实验中的数据也许能够让我们更清楚地了解这个现象。在那次之前，逆运算组的16名儿童中已有15名使用过捷径策略，而且在前两次实验中儿童遇到的是100%的逆运算题。但在第4次的30%的题中，该组儿童仍使用计算策略：该组的16名儿童中有13名在该次实验中使用计算策略。因而，在他们使用过（并且也能够清楚地加以说明）更快更正确的捷径策略后他们仍然继续使用速度更慢、正确性更低的计算策略。

在本研究中，策略的使用呈现出渐进的变化趋势；这种渐变的特点也体现在儿童对于策略使用的口头说明上。例如，当儿童已经能够清楚承认并说明使用了捷径策略，在计算另外一些题时却并不承认使用这种策略。也就是说，即使在使用捷径策略的时候，他们也继续使用无意识捷径策略。尽管逆运算组的儿童表现得更明显，两组的儿童都表现出这种模式。在他们首次使用捷径策略的那一次实验之后的几次实验中，逆运算组的儿童在16%的题上使用无意识捷径策略；混合组的儿童在7%的题上使用。曾经使用捷径策略的28名儿童，在首次陈述使用了捷径策略之后的那次实验中，有26

除了前面对于捷径策略的变化速度的比较和分析，作者在这部分对于研究中一个比较出人意料的结果进行了进一步分析，即计算策略和无意识捷径策略等较低级策略的使用持续性。研究结果表明，虽然计算策略和无意识捷径相对于捷径策略而言，是两种比较低级的策略，但是它们的使用一直保持着持续性。这一结果有力地证明了微变化研究所主张的策略变化的复杂性。可见，策略的使用速度有快有慢，同一种策略在不同情况下的变化速度也不尽相同。较低级策略的使用和较高级策略的使用交互在一起，在较高级策略不断增加使用的情况下，一些较低级策略的使用也一直保持着平稳和持续的使用状态。

名儿童至少使用无意识捷径策略一次。因此，捷径策略使用的增加是渐进的，而清楚说出其使用的过程甚至更加具有渐进性的特点。

5.4 变化的广度

除了上面用来练习的 7 次实验外，我们的研究还采用了第 8 次实验，从策略转移的角度考察了变化的广度。在这次实验中，我们给出了题型多样的题目，包括表面上类似逆运算题但实际上不能用同样方法解决的题目。这种方法可以让我们考察儿童在不熟悉的题型上归纳使用捷径策略的能力，包括在可使用捷径的题型上（a−b+b 和 b+a−b）正确地使用捷径的程度以及错误地在不可以使用捷径的题型上（a+b+b、a−b−b 和 b−a+b）使用捷径的程度。我们把正确的捷径策略使用定义为在可使用捷径的不熟悉题型上得出的正确答案和 4 秒或不足 4 秒的解题时间。儿童在不能使用捷径却使用了捷径因而得出错误答案的情况，则被推断为策略的不正确归纳（例如：38＋5＋5=38）。

理想的策略转移表现模式应该是当可以使用捷径策略时应该持续稳定地使用该策略，而不能使用时则很少或从不使用。如表 4 所示，两组中几乎没有出现这理想转移。在三分之二或更多可使用捷径的题目中和三分之一或更少不能使用捷径的题目中，混合题组中只有 13% 而逆运算组中有 25% 的儿童使用了捷径策略。即使把正确归纳的标准放宽——在超过三分之一的可以使用捷径的题上正确使用捷径策略；或者在少于三分之

变化广度是微变化研究所关注的另外一个有关变化的方面。广度指的是某种概念或者技能应用的范围，也就是研究所总结的概念或技能的概括性和普遍性。本研究采用了第 8 次实验来考察策略使用的迁移。这次实验包括了各种题型，有熟悉的，也有陌生的；有真正需要运用逆运算的，也有貌似逆运算题的。通过解决这些问题，儿童在新情况下归纳和使用策略的准确性可以得到体现。研究结果发现，本研究中捷径策略的转移并不是特别理想。

一的不可使用捷径的题上错误使用捷径策略——混合题组中只有33%的儿童而逆运算组中也只有31%的儿童进行了正确归纳。

表4. 第8次实验情况: 正确归纳捷径策略的儿童百分比和过分归纳的儿童百分比

组别 / 正确归纳	过分归纳		
(%)	0–33	33–66	67–100
混合题组			
0–33	20	7	13
34–66	20	20	0
67–100	13	7	0
逆运算组			
0–33	6	0	6
34–66	6	0	19
67–100	25	0	38

两组的正确归纳率相对较低的原因不尽相同。如假设的那样，先接触到逆运算题的儿童能够经常得出正确归纳，但是得出不正确归纳的频率也很高。先接触到混合题的儿童不正确归纳相对较少，但同时正确归纳也随之减少。具体来说，逆运算组的儿童在可使用捷径策略的题上使用捷径的百分比较高（65%∶38%），t(28)=2.61，p＜.01。但在不可使用捷径的题上使用捷径的百分比也比较高（66%∶28%），t(28)=3.07，p＜.01。除了a−b＋b题型外，两组儿童在个体题型的归纳上显示出的差异也非常大。即使在a−b＋b题型上，逆运算组儿童使用捷径策略也要频繁得多（74%∶53%）。因此，尽管逆运算组使用捷径策略更多，在能使用捷径的新题型上的捷径使用更频繁、更正确，同样，这组儿童表现出更多的策略不正确转移。

对比两组儿童的表现可以发现，两组的策略归纳正确率都不高。但是，引起这种现象的原因却并不相同。逆运算组的儿童首先而且更频繁地接触到逆运算题，所以他们正确归纳和不正确归纳捷径策略的频率比起混合题组的儿童都要高。

5.5 变化的变异性

尽管几乎所有儿童每次都使用了多种策略，但他们在使用的数量上不同。为了考察策略使用上儿童变异性的决定因素，我们对每个儿童使用策略的数量进行了两次组 × 次的方差分析（ANOVAs）。一次方差分析包括两组儿童接受相同题目的实验（第 1、5 和 7 次）；另一次分析包括他们接受不同题目的实验（第 2、3、4 和 6 次）。

对题目相同的次别进行的 2×3 方差分析显示实验次数有主要影响，F (2,58)=55.21，p＜.001，组别和次别也有交互影响，F (2,58)=8.59，p＜.001。Scheffé 的测试表明两组在第 5 和 7 次中使用的策略数量都比第 1 次多。如图 7 所示，混合题组儿童使用策略的数量增加较多。两组儿童使用策略的数量在第 1 次和第 5 次中没有不同，但在第 7 次中不同，t (29)=3.29，p＜.001。

变化的变异性是微变化研究所关注的变化的第四个方面。变异性主要指的是变化的个体差异。论文这部分主要探讨了引起策略使用差异的原因。首先对两组接受题目相同的实验次数进行分析。研究发现，实验次数是影响策略使用差异的主要因素。在第 5 次和第 7 次实验中，两组儿童使用策略的数量都比开始时的第 1 次有明显增多。

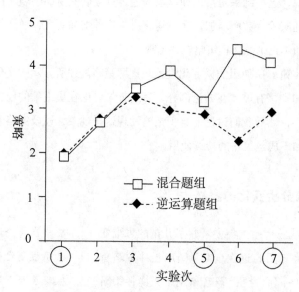

图 7. 混合题组和逆运算组儿童每次实验中使用策略数量的平均数

对两组儿童接受不同题目的实验（第2、3、4和6次）中的策略使用数量进行2×4方差分析表明，实验次数有主要影响，$F (3,87)=7.38$，$p < .001$；组别也有影响，$F (1,29)=4.26$，$p < .05$；还有两者之间交互的影响，$F (3,87)=18.42$，$p < .001$。两组使用策略的数目随着实验次数的增加都在增加，但是混合题组的儿童每次使用更多策略。两组之间的差异出现得相对较迟。如图7所示，第2次和第3次两组儿童使用的策略数很相似，但混合组的儿童在第4次和第6次中使用了更多策略，$ts (29)=2.37$，$P < .05$和8.55，$P < .001$。

紧接着上面对于两组儿童接受相同题目的实验次数的分析，文章这部分对儿童接受不同题目的实验也进行了分析。同样，实验次数是影响策略使用差异的主要因素。两组之间的差异主要体现在第4次和第6次实验中。

6. 讨论

本研究主要考察儿童解决算术巧算题时解题策略随经历变化而发生的变化。通常来说，这些结果是常识和以前的逆运算题研究所能够表明的：更高级策略的使用随实验次数而增加；在逆运算组中这种增加更大；逆运算情况下会有更多正确和不正确的捷径策略转移出现。

但是，本研究所使用的微变化设计和逐题策略测评所显示的变化过程比一般的描述更加丰富有趣。在结论部分，我们首先讨论在更细致的层次上考察变化的价值大小，然后我们讨论无意识策略发现这一现象，以及策略发现过程中激活的作用和不成熟策略的持续使用。

6.1 多层次分析变化的意义

本研究从三个层次集中考察了儿童的思维变化：(a) 实验之间的逐次变化；(b) 五种策略首次使用的顺序；(c) 捷径策略和无意识捷径策略

文章在讨论部分首先总结了微变化研究方法在微观层面上研究变化的

发现之前和之后的逐题策略使用分析。在每个层面的分析中，我们既考察了实验组整体的变化模式，也考察了个体儿童的变化模式。

对变化进行多层次分析的作用类似于通过显微镜的不同放大程度观察细胞的变化。低层面的分析使我们对细胞作为一个整体有了更好的理解；高层次的分析则提供了关于细胞组成方面的更精确的资料。在本研究中，相对粗糙地对每次实验的分析描绘出了整个研究中发生的变化。相对细致的对首次使用策略顺序的数据分析显示了表现出不同策略发现顺序的儿童数量。最细致的逐题分析提供了发现捷径策略前后的关于策略使用的非常精确的情况。

我们也可以从相对粗糙或相对精细的两个层面上去考察两个实验组的变化路径。逐次分析的数据揭示了两种情况下的许多相似处。两组儿童实验开始时都使用计算和部分策略，以后越来越依赖更高级的策略：无意识捷径、计算＋捷径和捷径策略。两组的儿童也都使用了所有 5 种假设的策略。根据常见的对儿童认知变化的描述，儿童通常从方法 1 发展到方法 2，再发展到方法 3。与此相反，我们的研究发现，两组中几乎每个儿童每次都使用了多种策略。新策略被发现，而旧策略也继续在使用。

这种逐次分析的数据也揭示了两组儿童变化路径方面的许多差异。混合题组的儿童相当频繁地使用部分计算策略，尤其在初期几次实验中，后来更频繁地使用计算＋捷径策略。逆运算组的儿童更多地使用无意识捷径策略，尤其在开始

优势。文章把微变化研究观察变化的方法比作用显微镜观察细胞的变化。通过调节显微镜的聚焦倍数可以观察到细胞变化的各个方面。同样，通过微变化研究方法点面结合、粗细兼顾的方法可以观察到变化的各个方面，如我们在前面部分接触到的变化的路径、速度、广度和变异性等等。

文章具体以变化路径为例，说明了微变化研究如何通过改变分析的精细程度来充分说明变化的各个方面。在相对比较粗略的层面上，研究通过对各次实验的分析，发现了两组儿童在策略使用上的相似性。而更精细的分析不仅让我们看到了相似性，更让我们看到了两组之间的差异性。

时，随后提高了捷径策略的使用。尽管两组之间存在着策略使用数量上的差异，儿童使用这些策略的顺序是相似的。两组大部分儿童首先使用计算策略，其次部分计算策略，最后是无意识捷径策略。

通过增加放大率，细察新策略发现前后的表现，我们发现了两种实验情况下更多关于变化路径的相似和不同。以首次使用无意识捷径策略为例，尽管两组中大部分儿童在使用计算＋捷径或捷径策略之前都使用了无意识捷径，但是这事件的意义对于两组的儿童是不同的。对于逆运算组的儿童，首次使用无意识捷径标志着一个重要的过渡。在首次使用之后，80％的儿童在接下来的三题中每次都使用无意识捷径策略。然后大多数儿童开始使用捷径策略。相反，对于混合题组的儿童，首次使用无意识捷径策略是一个孤立事件。在随后的题目中，他们很少再次使用无意识捷径或捷径策略。相反，他们重新大量依赖次高级的计算和部分计算策略。

从这些研究结果中可以得出一个普遍的认识：某个策略是否具有过渡性在很大程度上取决于学习条件。心理学家经常将一些方法称作"过渡策略"，似乎它们在任何情况下都具有过渡性。但是，我们目前逐题分析得出的数据表明：一个策略在某个固定条件下是过渡型的，在另一种情况下却未必是。对于逆运算组的儿童而言，无意识捷径策略明显是过渡型的，但对于混合题的儿童却不是。

6.2 有意识和无意识策略发现

本研究独特之处在于每题上使用的策略可以在隐性和显性的层面上进行测评。每题的解题时间提供了策略使用的隐性测量方式；每题后立刻进行口头回顾陈述提供了策略使用的显性测量方式。两者的结合可以使我们考察长期难以研究的一个问题：策略能否在有意识发现之前就被无意识发现。

根据 Ericsson 和 Simon（1993）的文献综述，没有证据表明有关无意识策略的发现。他们总结道："我们通过整理这些证据，得出了关于人类信息处理模式的一个简单假设：在完成任务过程中注意到的信息是可陈述的信息；可陈述的信息是注意到的信息"（Ericsson & Simon，1993：167）。

但是目前的数据充分表明，至少在目前的情况下，无法陈述的策略发现经常发生。两组的大部分儿童在能清晰说出使用过捷径策略之前就可以用很短的时间完成解题。这表明他们已经使用捷径策略。对逆运算组逐题分析得出的数据为无意识发现产生于有意识发现之前提供了特别有力的证据。对于逆运算组的大多数儿童而言，他们两种策略的首次使用之间不超过五题。在第 2 次实验中，逆运算组的大多数儿童首次陈述使用了捷径策略。同样在那次实验中，他们在 46% 的题上使用了无意识捷径策略，和其他几次实验的 9% 形成鲜明对比。

这些数据对于理解意识和发现之间的关系有着重要意义。它们明确表明策略发现可以是无意识的。首次使用无意识捷径策略是一个真正意义

本研究所采用的微变化研究法利用逐题分析的细致方法，对儿童在每个题目上的表现进行了考察。由此得出的结果是令人惊讶的，因为这些精细的分析表明，无意识策略的发现通常发生在有意识策略发现之前。虽然以前的研究都认为策略的发现是有意识的，但是本文的微变化研究法证明策略的发现也可以是无意识的，而且无意识策略发现先于有意识策略发现。更重要的是，本研究的结果在很大程度上支持了隐性的程序性知识经常发生在显性的陈述性知识之前。

虽然也可能有另外的解释，但是微变化研究通过显性和隐性相结合的方法，又有逐题的仔细分析和对比，因此，这些结果在很大程度上是可靠的。

上的发现，因为它代表了解题程序中一个质的变化。两组儿童在首次使用无意识捷径之前的三个题目上平均每题用时 12 秒多。相反，在首次使用无意识捷径时，他们用时不到 3 秒。因此，尽管这种发现是无意识的，它代表了解题程序上的质的变化。

这些数据说明，在表明知识获取过程的时候，隐性的非口头指标通常出现在显性的口头指标之前。它们也和 Kuhn 等（1998，1995）、Karmilloff-Smith（1992）的主张一致，即隐性的程序性知识经常发生在显性的陈述性知识之前。目前的数据比以前的研究结果更前进了一步，因为它们显示出策略可以在人们本身不知觉的情况下被用来解决问题。

对这种主张可能的反对理由是，儿童并没有真正使用无意识捷径策略，即使有表面使用的现象也是由于我们没有使用正确的测量工具。但是几种证据可以批驳这种观点。外显行为为策略测评提供了有力的证据。逆运算组儿童先在几道题上使用无意识捷径策略再使用有意识捷径的连贯性也驳斥了无意识捷径测量不准确的说法。使用无意识策略时和使用计算和部分计算策略时解题时间上的巨大差异也表明无意识捷径策略的存在。

这些数据说明无意识策略的发现发生在有意识策略的发现之前。这个结果的普遍性有待进一步论证。目前数据关注的是儿童，也许对于 Ericsson 和 Simon（1993）所提到的那些研究中的成年人而言，情况会不一样。只有通过对成年人的策略发现进行精细的分析才能确定这种情况

文章在这儿进一步对上面的研究结果进行了解释。对于无意识策略的发现先于并促成有意识策略的发现，作者有两种解释：一种解释是无

是否一致。同样，目前也无法知道儿童和成年人是否在其他任务中生成无意识策略发现。但是毫无疑问，在目前背景下，无意识策略发现先于有意识策略发现。

　　一个悬而未决的问题是，无意识策略的发现通过何种机制最终促成了有意识策略发现。我们的研究发现至少提供了两种解释。一种强调不同的阈限：无意识发现的激活层次低于有意识发现，激活的强度可以抵达一个点但却无法涉及另一个。这种假设 Bowers 等（1990）、Isaak 和 Just（1995）、Ohlsson（1992）、Yaniv 和 Meyer（1987）也曾提出过。目前的研究比较直接地支持了这种观点。逆运算组首次使用无意识和有意识捷径策略之间的时间间隔很短。捷径策略可能被陡然激活，原因是由于儿童持续碰到可使用捷径的题目。相比之下，在混合题组，捷径策略只能在 50% 的题中使用，所以从无意识到有意识这种捷径策略的激活需要更长时间。

　　另一种解释似乎也是有理的。捷径的有意识发现也许是由于儿童察觉到自身使用了无意识捷径策略并对此作出推测而产生的。如果儿童使用了无意识策略，他们的解释一定没有那么详细。例如，当儿童使用计算策略去计算 $35+8-8$ 时，他们会说 $35+8=43$。但当他们使用无意识策略时，他们其实并没有计算 $35+8$ 等于几；因此，他们通常只会说"我把 35 和 8 相加"或"我先加后减"。注意到自己口头表述上的这种不清晰并且意识到他们无法更加清楚地表达时，他们可能意识到自己没有进行加减就算出了题目。

意识策略和有意识策略的激活需要不同的条件；另一种解释是由于无意识策略的使用和反思可能会导致有意识策略的最终发现和使用。作者之所以能够对研究结果做出比较合理的解释，在很大程度上依赖于微变化研究法主张的定量和定性相结合的方法。在研究过程中，受试通常被要求用口头表述的方法记录和回忆实验的过程。这些详细的记录有助于我们对于变化产生的原因进行合理的分析。

使用无意识捷径的快速解题也会使他们意识到这样的解题方式不同于他们使用计算策略时的方式。这两种解释不是互相排斥的，它们在说明无意识发现和有意识发现之间的关系时可能都有效。

6.3 策略发现中激活的作用

我们预测，逆运算组中捷径策略更容易被激活。本研究中的许多证据支持这种观点，从而证明了激活对策略发现的普遍影响。

有关激活假设的六种预见都得到了证实。和混合题组相比，逆运算组的题目设置导致了：(a) 更快的无意识和有意识捷径策略的发现；(b) 更短的无意识和有意识策略发现之间的间隔；(c) 更高的捷径策略发现后的使用百分比；(d) 更高的在可使用捷径策略的新题型上正确使用捷径的百分比；(e) 更高的在不可使用捷径策略的新题型上错误使用捷径的百分比。简言之，根据激活假设，在两种实验状态下，需要较少激活的无意识捷径会产生于有意识捷径策略之前。这种预见对于实验中的绝大部分儿童来讲是正确的。

但激活是怎样发挥其作用的？计算＋捷径策略的使用在这儿尤其有揭示作用。在使用此策略时，儿童开始使用加减但后来借助于捷径又停止了加减并解出了题目。两组儿童的计算＋捷径策略使用表明，捷径和计算策略可以在一题上得到充分激活。计算＋捷径使用也表明，解题过程中，在计算策略实施之后，捷径策略受激

文章在这部分讨论了激活在策略发现中的作用，也就是说，在何种情况和条件下，某种策略会被发现和使用。研究充分发挥微变化研究的优势，利用具体例子说明了无意识策略因为需要激活的条件比较简单，因此一般先于有意识策略的发现和使用。当然，策略的发现和使用并不像以前研究所揭示的那样简单。策略被激活的条件有简单有复杂，因此他们的发现有先有后，有些已经被发现的新策略并不能立即得到使用，而另外一些已经被使用的旧策略却可以一直被持续使用。

活持续增强，最终可能导致计算策略的停止使用。这与连接主义的计算机模拟模型大不相同（McClelland，1995；Siegler & Shipley，1995）。混合题组中更多地使用计算＋捷径这一现象表明，一次实验中题目的整体特征以及已经解出的个体题目的特征生成了新题上的策略激活程度。在逆运算组中，计算＋捷径策略主要在该组大多数儿童发现捷径策略之后的第3、4次实验中得到使用。这说明，尽管在第2、3、4次中所有题目可以通过更快捷更正确的捷径策略得出结果，个体题目上不同策略之间的竞争依然存在。

微变化研究的细致分析充分说明了策略发现和使用的复杂性。

　　分析计算＋捷径策略的作用对于结果中的少数异常现象也同样具有揭示作用，三个同在混合题组的儿童在快速解题之前已经能够口头汇报捷径的使用，说明在使用无意识捷径前他们已经能够使用有意识捷径。

　　通过分析计算和捷径策略被激活的模式，我们就会明白为什么会有上面这种情况出现。我们的假设是，隐性策略的激活水平低于显性策略；这就是为什么大部分的儿童生成无意识捷径策略早于捷径策略。但是，如果某策略的激活水平比较高，在存在更高激活水平的竞争策略时，此策略也许不会被使用。在混合题组中，计算策略是一个潜在的竞争性特别强的策略，因为它可以用在所有题目中，而捷径策略却不能。计算策略这种更强的应用性可能会导致此组儿童不去使用捷径策略。

　　鉴于这种观点，我们就不难理解为什么上面

这三名儿童首次能够说明捷径的使用是在使用计算＋捷径策略时，而不是在使用捷径策略时。尽管捷径策略也得到充分激活可以被使用和陈述出来，但计算策略充分激活后就开始得到使用。计算策略具有很强的竞争性，即使在捷径得到充分激活并可以口述时，它也能够推迟捷径策略的使用。

这些研究结果可以帮助我们更好地理解不同的激活水平是怎样影响策略发现的过程的。这些结果表明当一种策略的激活水平稍高时，此种策略的无意识使用就会出现；而策略的有意识使用则需要更高层次的激活；新策略的激活可以在解题中生成，干扰正在被使用的旧策略；在高层次上激活的已有策略可以延缓新策略的激活。这些有关激活在策略发现中所起作用的结论有待在其他情境中进一步测试。

6.4 不成熟策略的持续性

本研究最让人费解的也许是两组儿童在整个实验过程中继续使用他们最初的主要方法——计算策略。逆运算组儿童的计算策略的持续使用尤其令人吃惊。到第 2 次实验结束时，该组 81% 的儿童已发现了捷径策略。而且在第 3、4 次实验中，他们继续接受可以应用捷径的题目。捷径策略在解题时间和正确性上都远远胜过计算策略，但是如同混合题组儿童一样，逆运算组的儿童在所有 7 次实验中的三分之一题上继续使用计算策略。这种持续性该怎样解释呢？

文章在最后讨论了计算策略的使用特点。计算策略是本研究中最低级的一种策略，但是它的使用却贯穿了实验的始终。即使是逆运算组的儿童，他们也一直持续使用着这种比较低级的策略。作者对于这种现象有两种解释：第一，根据我们的研究发现，两种解释似乎是可行的。一种和儿童的记忆有关。在两次实验间的一周时间内，儿童们也许忘记了捷径策略。捷径策略使用频率的变化也说明了这一点。每次实验结束到下次实验开始时，捷径策略的使用频率会有急剧的下降，然后再逐渐增加。

另一种解释是这些不成熟策略使用的持续性是人类认知的一个基本特征，保留使用多种方法有很多益处。这样能使人们很快适应环境中的意外变化。从长远来看，在一种情况下无用的策略也许将来还有用。例如，在学习个位数计算时，一些儿童使用分解策略相当频繁。他们计算 $7+9$ 时可能想到"$7+10=17$；9 比 10 少 1；$17-1=16$"。当儿童学会个位数加减法原理之后，这个策略就失去了其有用性。但是，当儿童后来需要进行多位数心算（例如：计算 $244+799$）时，这种策略变得更有效。因此，尽管在目前情况下保留使用计算策略也许不合适，但这种策略也许是维持策略多样性和适应性的大趋势所必需的。

儿童在一周时间内可能已经忘记他们才发现而且并没有熟练掌握的更高级策略；第二，一些低级的、不成熟策略可能在将来还有用。

本章小结

本研究主要考察儿童解决算术巧算题时解题策略随经历变化而发生的变化，是微变化研究法一个比较典型的研究案例。它采用了多次重复实验的研究设计，目的是为了考察每次实验间的变化过程。研究的分析采用定量和定性相结合的方法，既揭示出变化发展的一般规律，又揭示出在策略使用方面的个体差异和不同策略发现和使用过程的复杂性。研究使用的微变化设计所显示的变化过程比一般性的描述更加丰富有趣。

同时，微变化研究法提供了关于儿童策略使用变化方面的种种详尽数据。这些数据为考察儿童认知发展和变化提供了概念上的框架。在这个框架内包括5个变化维度上的区别：路径、速率、广度、变异性和原因。本研究从这5个方面，详细说明了儿童计算策略的变化发展过程，例如策略发现和使用的顺序，策略使用的变化速度，策略的归纳和使用策略的个体差异等等。更重要的是，通过详尽的采访记录和逐题分析，本研究能够以比较具有说服力的证据提供和分析导致变化的原因。

本研究以儿童为研究对象，主要探讨儿童认知能力的发展，但是这种微变化研究设计也可以运用到以成人为研究对象的研究中，特别是当成人学习一种新技能或完成一项学习任务时，微变化研究同样具有一般研究方法无法比拟的优势。在下面几章中，我们将主要看到以成人为研究对象的微变化研究案例。

第四章　国外微变化研究法
研究实例（二）

　　本书从第三章开始介绍了国外运用微变化研究法的典型研究案例，本章中，我们将继续对一例国外微变化研究实例进行研读和分析。

　　本章介绍的是一项有关二语学习者在二语作文互改过程中策略使用的研究，由美国泛美波多黎各大学（Inter American University of Puerto Rico）的 de Guerrero 和 Villamil 共同完成，原文发表于 2000 年，原载于《现代语言杂志》（*The Modern Language Journal*）。该文主要研究二语写作课堂中学生怎样互相合作并利用语言建架（scaffolding）来完成作文互改的任务。目的是为了观察学生在修改二语作文的过程中，如何使用各种修改作文的策略，如何逐步调整这些策略，并且利用这些策略来顺利完成作文的互改。该研究使用微变化研究法，定性地记录和分析了两名中等水平的大学生（其中一名为作者，一名为读者）互相交流、合作修改一篇叙事作文的过程。

　　该项研究是一个比较典型的利用微变化研究方法进行定性记录和分析数据的研究案例。和前面一章以定量数据分析为主、定性分析为辅的研究不同，我们在本章中将要看到的研究以定性分析为主。我们不会接触到很多数字，而主要是对变化过程的文字记录和描述。本书在翻译的基础上，对原文进行了一定的删减、改写和分析。

激活最近发展区：二语作文互改中的语言建架

Maria C. M. de Guerrero   **Olga S. Villamil**

1. 引言

本研究引用了 Vygotsky（1978，1986）最近发展区（zone of proximal development）的概念作为研究的理论基础。结合语言建架，最近发展区的概念指的是专家对于语言学习者的帮助。本研究中，我们并没有使用典型的专家－学习者作为研究对象，而是观察了两名学习者之间的互动，以揭示二语作文修改策略形成和发展的过程。

Vygotsky（1978，1986）的最近发展区（zone of proximal development）包含语言学习者两个层面的发展水平：真正发展水平和潜在发展水平。前者指的是学习者自己可以达到的水平，后者指的是学习者在他人帮助下可以达到的水平。Vygotsky 强调的是在社会环境中，他人对于个人学习的帮助。对 Vygotsky 而言，学习的最核心的特征就是它创造了最近发展区。学习唤醒了一系列内在的发展机制，这些机制只有在学习者和周围的人进行互动和合作的时候才会起作用。这些机制一旦被内化，它们就成为学习者语言能力的一部分。

语言建架就像盖房子时用的脚手架。最早时被用来指母亲为了和孩子进行对话而使用的语言帮助。现在扩展到教育心理学领域，指的是指导者（父母、教师、熟练者等）帮助孩子、学习者或者非熟练者解决问题的过程。这种指导者和学习者之间的交流和互动被认为对人类发展起着至关重要的作用。

最近发展区和语言建架是社会文化学理论里两个重要的概念，强调学习从本质上来讲是一种社会行为，和特定的文化背景紧密联系。人类的思维活动深深地扎根于社会的群体行为中。具体而言，高层次的思维模式的形成和一些复杂技能的获得都是由社会行为引发并且受之影响。但是，并不是所有的社会行为都能够导致人类智力的进步。智力发展的前提是社会行为必须在最近发展区内进行，也必须有语言建架的帮助。通过语言和一些特定的行为，交流的双方能够最终达到一致。这种一致是思想的碰撞和融合，最后能够达到一个共识。

建立和保持这种共识是人类在最近发展区内获得发展的关键。

在二语习得研究领域，为了探寻课堂交流和二语发展之间的关系，研究者们开始把目光转移到研究在最近发展区中建架帮助语言学习的过程和机制。Ohta (1995) 把二语习得领域中的最近发展区定义为："二语学习者独立运用语言能力和潜在更高语言水平之间的差异，而这种潜在的语言水平通常通过和高水平学习者之间的合作得到发展。"二语学习中的建架包括所有支持、帮助性质的行为，通常指语言水平较高者帮助较低者达到语言发展更高层次的支持性行为。

传统的二语研究把研究对象，也就是建架的双方主要限定于教师和学生。Donato (1994) 把建架这个概念扩展到二语学习者之间的互相帮助。他和另外一些研究者的研究发现，不论学习者的语言水平如何，他们都不仅能够给予其他学习者建架性的帮助，而且自身的语言能力也突破了独立学习所能够达到的水平。

这些二语习得领域的研究大部分都采用了个案和定量研究的方法，详细观察和记录了语言发生变化和发展的时刻和过程。正如 Vygotsky (1978) 指出，使用完整、细致的分析和研究对于研究变化是至关重要的。任何一种心理变化过程，都是就在人们眼前发生的、不断变化的一个过程。这些发展变化的过程可能只延续几秒钟，甚至不到一秒的转瞬间。通过微变化研究，可以捕捉到飞逝的变化过程。

在我们的研究中，我们采用了微变化研究法，通过观察和记录学习者时刻变化的行为，以揭示两位中等水平的大学生是如何互相合作完成作文修改任务的。

2. 研究设计

此项研究的数据来自于一项更大研究课题，此课题包含40组二人组对的活动，课题的各项数据已经在 Guerrero 和 Villamil (1994)、Villamil 和 Guerrero (1996，1998) 上发表。对于此项研究，我们从中选出一对来进行基于交际基础上的和所有的微变化研究一样，选择研究对象是研究成功的一个关键所在。此研究从40个对子中只选取了一组进行个人修改技能的微变化分析。之所以选择这个组对，是因为受试之间的合作丰富且多样，足以观察到各种可能激活最近发展区的行为。

受试是 2 名母语为西班牙语的中等英语水平的男性大学生，正在修一门强调写作能力发展的英语交际技能课程。作为这门课程的日常活动的一部分，学生在课堂上要进行作文互改。学生组成对子，每一对就其中一个的作文进行修改。本研究的分析数据采集于其中一堂课，写作任务是一篇记叙文，题目为"记叙一次让你获益或者引发对生活思考的经历"。作文的草稿在课堂上完成并在真正修改之前由老师收集起来。在进行作文修改前，学生之间随机配对形成互改的对子。两个外部评估者决定每一对当中谁的作文将被修改（一般是作文需要"更多改进"的学生。）作文的"作者"和"读者"都被选定，但是学生并不明确地知晓自己的角色。学生只需按要求修改一篇草稿并且在录音机上录下所有的讨论，英语或者西班牙语都可以。同时提供给他们一张纸用来记些笔记或者写些评语。研究组织者鼓励学生在作文修改时首先注意内容和文章的组织，然后是语言的使用和技术细节。作文的作者按要求在修改过程进行之前先大声朗读他的文章；在修改过程完成后，作者课后写最后一稿并且在一周后上交。

数据分析的重点是由 2 名受试组成的这个对子的磁带录音对话，录音已经转写成书面文字。另外的数据包括作者的初稿，初稿由两人合作修改，以及最后一稿，最后一稿在课堂修改后的一

微变化分析，可以看出研究者的良苦用心。一方面，微变化研究要求精细分析，对数据进行精雕细琢，大规模的数据分析不可能，也不现实。所以研究者只选取了一组研究对象。另一方面，这一组研究对象的选择也不是随意的。这个小组之所以能够成为研究对象，是因为这个小组两名受试之间的合作行为丰富而且多样，给研究者的研究提供了足够的空间，使研究者能够观察到各种和研究目的相关的行为。我们在设计自己的研究时，也应该重视研究对象的选择，给他们充分发挥的空间，为后期的数据分析打好良好的基础。

研究者在这部分详细介绍了研究的设计和数据收集的过程。值得注意的是，此研究中的数据大部分为口头交流，因

周后上交。为了进行数据分析，转写下来的录音对话被切分成不同的小节或单元。在同一个单元中，学生通常处理一个具体的问题源或者相关的一系列问题源。根据 Nystrand（1986）的标准，问题源被定义为意识到的或者是潜在的问题、错误或者语篇当中的缺陷。根据以上定义，整个录音被从头至尾划分为 16 个小节。每一个小节都进行了微变化分析，即每一小节都要进行详尽分析以便观察 (a) 每时每刻行为的微小变化，这些变化可能显示着双方协助后修改技能的发展；(b) 学生在互相协助修改作文过程中采用的语言建架机制。在这项研究中，语言建架的操作性定义为"在合作情形下，合作者帮助对方达到更高水平能力的支持性行为"。最后需要指出的是，学生的对话绝大部分是用西班牙语进行的，偶尔用英语阅读或者提到作文中某些特定的部分。为了方便读者的理解，我们在这里提供了学生对话的英文版本。

此文字转写的工作就非常重要。而且根据微变化研究的要求，需要对所有的数据进行非常详细的分析，所以研究者必须将原始数据进行分割，然后一点点逐步深入。此研究中，研究者将研究对象间的交流切分为小节，也就是分析的单位和重点。

下面是我们在录音转写里使用的标识系统：

斜体	引用作为语言范例的一个字母、单词或者词组
[方括号]	学生对话中应用到的西班牙语词语
（括号）	本文作者的解释
省略号…	录音中停顿
粗体	英语对话（非粗体的即是用西班牙语进行的对话）
"引号"	参与者正在阅读作文中的内容

对学生对话的分析将会逐节进行，包括最初的大声朗读自己作文的阶段。由于篇幅的原因，第 9 节和 12 节没有登录在这里，一些对话也删减了无关的部分。

3. 数据的微变化分析

如前文介绍，一旦作文的作者向读者大声朗读他的文章，学生间的相互合作就开始，文章的修改过程在这之后进行。一旦朗读结束，学生们就开始着手解读他们需要执行的任务，以便能够更好地完成任务。修改过程开始，首先是学生对自己作为读者或者作者身份的默认。比如，读者说，"首先，我将阅读你的作文"，表示着他要熟悉作文的内容并且了解这项任务的要求以及他要做什么。读者接下来的声明，"我们现在开始修改"，表示他已经承担起和作者一起修改这篇文章的责任。学生开始执行任务的另一个表现是他们关于任务本身的对话——即 Brooks 和 Donato (1994) 中提到的"元对话"。诸如"我们是不是要用红笔来修改"，或者"我们是不是要修改包括标点符号在内的所有东西"，这样的问话都表明互相讨论在帮助学生用自己的方式理解修改要求和控制任务时都是必不可少的。在合作的初始阶段以及接下来的大多数小节中学生的评论都是用西班牙语，即学生的母语。学生对于语言的选择也是学生努力完成任务的另一个表现。对于他们来说，西班牙语是一种能够加强交流和实现目标的语言资源。总而言之，在这个简短的前修改阶段，我们看到了学生在努力地适应和了解任务；换句话说，直到这项任务开始变得有意义，自己也被赋予角色和责任，他们才开始执行任务。

在数据分析部分，研究者先就修改前 2 名研究对象之间的交流开始细致的微变化分析。正如前文指出，这篇论文主要以定性分析为主，因此，研究者的主要目的是通过观察研究对象之间的交流，对他们所用的语言建架机制进行识别和分类。例如在这部分的分析中，研究者总结出了身份默认、解读责任、元对话等多种语言建架行为，并且运用研究对象之间的对话进行了举例说明。同时，研究者也对这些行为的功能进行了阐述。这样，比较全面的分析才算完成。

早在第一节我们就注意到了一些语言建架行为的表现：如引发对任务的兴趣、标示关键的方面等等。

Episode 1（第一小节）

1. R (Reader): You have to leave a space, I think.

2. W (Writer): What?

3. R: Before starting you have to indent, I don't know how to say that in English. …That's an *i*, isn't it? It looks like a *d*.

4. W: Yes, sometimes I write too fast.

5. R: Is this an *i*?

6. W: Yes, an *i*.

7. R: Yeah, it looks like a *d* and another *d*.

8. W: Yes, now I see that they look like that.

9. R: Right?

10. W: You are going to find they are all like that…

在这一节中，读者主导了这次对话并且担当了指导者的角色，通过指出和标示作者语篇当中的两个关键问题引起作者的注意——缺乏段落缩进（第一行和第三行）以及无法辨认的书写（第三行）。作者的回应"现在我明白了"（第八行）表明读者的指导对作者有启示作用。读者的评论（"你应该在这儿留个空格"）表明他在有意识地扮演一个协助者的角色去影响被指导者（作者）的表现。这种行为显示了帮助的有意性（Lidz, 1991），主要目的是提高另一方自我管理的能力。作为回应，作者开始加入了这项任务。他的注意力开始集中，并且不由自主地解释并为自己的行为找到合理性（第四、六、八行）。在这个过程当中，作者开始意识到自己的表现，没有这种意识这项任务就无法继续进行。他的最近发展区（ZPD）已经被激活，能够在同伴的影响下进一步地发展。这种进步能够在作者最后一稿的作文中发现，他的确如读者建议地缩进了段落。

从这儿开始，研究者对划分出的每个小节都进行了详细的分析。使用的方法都是定性的微变化分析。通过仔细研读研究对象的对话，研究者找出了激活最近发展区的语言建架行为，在本节中主要是有意性，即读者有意识地扮演协助者的角色，从而有意识地去帮助对方，也提高对方的任务意识和对此项任务的注意度。这对于任务的顺利完成非常重要。

在第二节中，问题源是作者缩略形式的使用："When two of my friends and I went to Utuado to practice some rapeling [*sic*], I didn't thought that I'll come back with a better appreciation of Puerto Rico."

Episode 2（第二小节）

11. R: Some rules in English, I think, I am not sure, when you write, you shouldn't…

12. W: Uh hmm…

13. R: You shouldn't abbreviate, use contractions…

14. W: I know what you mean…

15. R: You understand? You shouldn't write *I didn't*. You should write *I did not*. You can check in a book and you'll find no contractions.

16. W: Yeah, but if I write it like that, I find it somewhat, I don't know, unnatural.

17. R: That's because one is used to write like that.

这一节中，读者为作者讲解了缩略形式的用法，给作者提供了帮助。读者把自己已经掌握的知识，即有关缩略形式的规则，明确地传输给作者。读者的口吻是权威的、不容置疑的，作者尽管没有完全被说服，但仍然勉强接受了同伴的建议："I find it somewhat, I don't know, unnatural"（"我不知道，但还是觉得有些不自然"，第16行）。这些话语表明作者拥有一些有关二语语篇规则的知识，但他仍然接受了同伴的建议，并且在作文的终稿中吸纳了这种建议。指导和讲解是一种语言建架的机制，通过这种机制学生可以外化他们的专长给对方提供语言方面的知识。在这节对话中，读者采用了这种类似上课的方式以掌控那些他有把握的部分。

在论文的这一部分，研究者通过对第二小节的分析，发现了又一种语言建架行为，即讲解。这种行为与老师给学生上课有异曲同工之妙。通过清楚的讲解，读者把自己已经掌握的知识传授给对方，建立了自己对任务的掌控权。而对方也从中受益，对于相应的知识有了更加正确的理解。

在第三节中，作者在情态动词 would（而不是 will）的用法上接受了同伴的指导："… that I'll come back with a better appreciation of Puerto Rico."（我回来后可能会更欣赏波多黎各。）读者再次通过上课的方式规范了任务。而且，读者也偶或使用了母语来帮助任务的顺利进行。

Episode 3（第三小节）

18. R: Here it says **"I didn't thought that I'll come back."** It says that I will come back [*regresaré*], that you would come back [*regresarías*], you mean, right?

19. W: Exactly.

20. R: That is, you mean, that when you went to Utuado to practice **rappeling**, you did not think you would come back with a good appreciation of Puerto Rico, so it is *would*… **"We'd come back,"** would come back [*regresaría*].

21. W: It's that…grammar kills me, in Spanish and English.

22. R: Remember that *would* corresponds to the ending *ría* in (Spanish) verbs.

23. W: Ah… That's something new I learned.

24. R: **I'll come back** [*regresaré*] you are going to do it in the future.

25. W: Hmm…

26. R: I'll come back, you'll come back, he'll come back [*yo regresaré, lu regresarás, el regresará*] with a better appreciation of Puerto Rico. It's *I would come back*, [*regresaría*], because you went back in that moment.

这儿当读者就条件状语从句中的词形变化给作者耐心讲解的时候，作者专心听取并且回应，"西班牙语和英语的语法都要了我的命"（第21行），还有"这是我新学到的东西"（第23行）。在承认自己不足的同时，也说明他学到了新的语法规则。这些对于二语水平发展是很必要的。

在第三节中，研究者继续对讲解这一在前面一节出现过的语言建架策略进行了功能性的分析，说明这一策略对于二语发展的重要性。同

（这次修改也被纳入了他的最后一稿。）通过使用讲解这个语言建架策略，读者正在"管理任务"（Lidz，1991），即通过启发式的讲解，展示他自己所具备的处理这个任务的知识并使同伴同样掌握这些语言规则，而且可以扩展使用到其他情形当中。读者间或使用母语解释不同的动词词尾变化是一种非常重要的语言协调策略。实际上，读者这一方对于两种语言的熟练驾御能力起到了强调这两种语言之间联系的重要作用，这种联系是作者缺乏并且需要在将来记住的。

样应该重视的另一种策略是母语的使用。母语的使用在这儿对任务的完成起到了积极的作用。不仅可以帮助读者更好地解释语言规则，而且在两种语言之间架起联系，帮助作者更好地理解。

在第四节中，学生的注意力集中在动词时态上："We searched for a bridge to hang on, and ended in one that *has* been recently constructed for a future highway."

Episode 4（第四小节）

27. R: **"We searched for a bridge to hang on"** and ended in one that…

28. W: And we ended in one that has been constructed…

29. R: What do you mean here?

30. W: That the bridge that we found was that one…

31. R: There's no need for… I wonder…

32. W: No, because I am saying that we were looking for a bridge where we could hang on and ended in one that **was** recently constructed.

33. R: That had been recently constructed.

34. W: Uh hmm…

35. R: So it's **had,** that had [*habia*], that **had** been recently constructed…

在这一节里，读者转向了"意义"（Lidz，1991）。通过向作者发问"你这里是什么意思"（第29行），他把作者的注意力引向了值得注意的地方（现在完成时的错误使用），从而迫使作者

在这一节中，读者通过询问作者想要表达的意思，让作者意识到他在语言形式上所犯的错

不得不进一步阐释自己的原意并且在这个过程中选择了一个不同的动词形式。当作者提出"was"的时候，读者建议用"had"（正确的选择）。作者似乎同意了这个提议，并且暂时在草稿上修改了这个动词的时态。遗憾的是，在终稿里作者放弃了这个修改形式最终选择了自己决定的形式。这表明在同伴修改后，退步也是可能的，这是同伴修改的一个特点，这点在论文后面将会进一步阐述。

误。虽然作者在终稿中没有选择使用正确的动词时态，但通过同伴互动，作者显然已经显示出自己在这方面的不确定。这可以从他重新选择了一个动词形式(was)看出，他开始对自己先前的表达表示出怀疑。这种怀疑，甚至退步可以说是学习的基本特征，表明了微变化研究在分析具体问题时所能揭示出的问题的复杂性。

第五节中出现了两个重要的语言建架行为：适时反应和心理区分（Lidz, 1991）。当读者再次进行修改的时候（修改"we were at over 120 feet high"中的介词 at），他似乎意识到了作者因为被指出太多问题而产生的沮丧。

Episode 5（第五小节）

36. R: **"We were at over**…"

37. W: We were over one hundred twenty feet high…

38. R: **At**…this *at* is unnecessary because…

39. W: **We were**…

40. R: We were over one hundred twenty, this *at*, I mean… I don't…

41. W: **We were over**…

42. R: I mean, you…, I want you to give me your opinion…

43. W: No…

44. R: I am only revising, only revising, do you understand?

45. W: Because…

46. R: As I understand it…as I understand it… One thing is how I talk and another is how I should talk (laughter).

47. W: You make the corrections that need to be done. Don't worry…

读者"读"到了同伴的不安，于是稍稍放松了一些对任务的牢牢控制，鼓励作者说出自己的想法。读者提醒作者（也许是自己）他只是在修改（第44行）。读者在这里表现出了"适时反应"，即一种"能体察到被指导者发出的跟学习相关的信号，以及心理和情感的需求，然后给予及时和恰当的回应"的能力（Lidz，1991：109）。通过这种行为，读者试图保持一种心理距离以便作者可以作出自己的决定。读者在用一种微妙且间接的方式向作者表明，他在旁边只是为了有利于修改，他的任务不是强加自己的标准或者与作者竞争。这样做的时候，读者表现出了 Lidz (1991) 所提到的"心理辨识"，即清晰地意识到自己作为"读者"或者辅助者的角色和对方作为最终对文章负责的作者角色之间的差异。（在作文的终稿里介词 at 被删去了。）

在第四小节中，研究者经过分析，得出了两种语言建架行为，分别是"适时反应"和"心理辨识"。这两种行为都具有心理调适的功能。人是情感动物，情感对于语言学习的作用不可忽视。在这儿，读者为了调整好双方在作文修改过程中的情绪和状态，适当地采用了两种建架行为。一方面鼓励作者积极参与和发表见解，另一方面也更加明确了自身的定位，以便双方能够在更加和谐的气氛中完成任务。

Episode 5（第五小节续）

48. R: OK, here it would be *on*, no, no *on* no, because *on* is [*sobre*]…

49. W: Then it would be **to a side, along the side**…

50. R: It says "**I saw a house with a little river passing on the side,**" passing **in the side**…

51. W: **To a side**?

52. R: Because *in* is [*dentro*]…

53. W: Right.

54. R: You are saying that you are passing in the house…*by the side*, it should be *by the side*, do you agree?

55. W: Yes.

　　读者对于作者发出的要求更多参与的信号立即就发生了作用。在读者把注意力放在句中的另一个介词"in"上时（"a house with a little river passing *in* the side of it"），作者努力通过提出对自己文章的修改建议而重新获得主动权（第49行）。作者在回应读者作出的帮助时显示出了"约束解除"（Donato, 1994：50），即作者开始放下以前的约束，更加主动地参与讨论。两者合作寻求解决方案的过程也因此发生了。学生努力不停地搜寻着合适的选择，他们最终达成了满意的解决方案（介词by，第54行）。在这个过程当中我们发现参与者在二语方面发生的微变化以及他们语言发展的社会性。从最初的不正确选择开始，最后学生通过合作得到了一个更好的答案，这个答案最终在作者的终稿中出现。这一小节以读者的提问"你同意吗？"结束。通过征询同伴的意见，读者展示了"情感涉入"（Lidz, 1991）。他对作者的尊重和得体的态度使得双方得以维持对任务的兴趣和对共同目标的追求。因此，这一节里语言建架的一个重要特征就是读者对于合作过程中情感尺度的熟练把握。

　　显然，上一小节中读者的语言建架行为产生了快速而且直接的反应。作者开始更加主动积极地参与到讨论中，并且为修改方案提供了多种可能的选择。和上一小节一样，语言建架对于任务完成发挥了积极的作用，尤其在调整双方的心态和情绪方面，起了非常重要的作用，为顺利完成任务创造了良好的氛围和基础。

　　第六节以一个笑话开场，使得搭档之间的情感交流达到一个高度。

Episode 6（第六小节）

56. R: **"The next day we went to a cave that was very far away"** period. Here you have to indent [*dejar sangría*] and start here. After a period, when you start a new paragraph, you have to leave a space from the margin. I don't know how to say [*sangría*]…

57. W: Put it in Spanish, she (the teacher)…

58. R: She is going to think we mean the drink (laughter)…

59. W: OK, then, write *bloody*.

60. R: What?

61. W: On the side.

62. R: **Bloody** (laughter).

63. W: I'll tell her it was clear for me.

这一段中，两个学生共享了一个建立在常识基础上的笑话（*sangria*，是西班牙语中"indent"的对应词，也是一种流行的由红酒制成的饮料，看起来像血液[*sangre*]）。这个开场笑话不仅缓和了压力也帮助对方坚定了主体间性（intersubjectivity），这是 Rommetveit (1985) 用到的一个概念，表示同一项任务的参与者对所处情境有着共同的认识，因此彼此和谐。在这一节的情形中，两个合作者心照不宣地同时使用了某个词语的特定含义，并因此用一种幽默的方式设计了他们特有的符号暗示来继续这项任务。

主体间性是参与双方能够在最近发展区（ZPD）合作的一个关键，因为它标志着双方获得的一种相互认知的状态，有利于自我协调的发展。这种相互认知的状态在第六节中始终保持着，在很大程度上是因为读者把这一任务看成是

在这一节中，除了上一小节提出的情绪和心理协调，研究者又提出了语言建架行为的一个新的特点，即主体间性。主体间性有助于双方建立一个共同合作的平台。在共同立场和认知的基础上，合作才能够顺利进行。在这个方面，本研究中的读者显然处理得比较好，他始终努力试图站在作者的立场上，用作者的眼光去审视作文，从而提出更加有效的修改意见。

双方的共同任务，以及他对于共同立场（Lidz，1991）的熟练把握，他的注意力始终放在作者的作文上，仿佛要试图用作者的眼睛来看透它。这种行为能够在接下来的第 72 行和 78 行中清楚地观察到。

第六节的很大部分都用来进行一个篇幅很长的讨论，两个参与者分别给出或者接受反馈，显示了相互的语言建架的作用。

Episode 6（第六小节续）

64. R: "**And I was impressed**" …I think this *at* is not necessary.

65. W: "**And I was impressed how can a house**" no, because then, it's like there is something missing. It would sound as if I were saying that, and it is not in quotation marks.

66. R: And I was impressed…

67. W: And I was impressed how a house…and then…and I was impressed at how a house…

68. R: OK, but you just told me that it is not the same to say it in Spanish than to read it in English. I think that if you look…look…it says, "**and I was impressed how can a house could be so far from the road.**"

69. W: OK, but if we take out that connection (the preposition *at*), we would have to put it in quotation marks so that it looks as if I were saying it.

70. R: But, it is…you are asking yourself how it was possible that a house would be so far from the road, right?

71. W: It's all right, whatever…

72. R: So…what is it that you want, you did it, you tell me what you were doing. You say here that you passed along some little houses made of wood and you were impressed…

73. W: ...at how those houses could be so far from the roads...

74. R: Then you are asking yourself...

75. W: Well, I was not asking but commenting...

76. R: Because if you use *how*, it's because you were asking something. *How* is used to make questions, do you understand?

77. W: Yes.

78. R: Because...look...tell me if it doesn't sound better. I want you to give me your opinion. You say that you passed along some houses made of wood and that you were impressed at how, see? If I say *at how*...in Spanish...a thing could be...a house could be...see? There's redundancy.

79. W: Hmm...

80. R: "**I was impressed at how can a house could be**" how can a house...

81. W: It would be then *at how a house could be*...

82. R: **How can a house be**...

83. W: Again?

84. R: Or *how can a house*...

85. W: No.

86. R: There's a very subtle detail here.

87. W: Should I ask (the teacher) or is this as we think...?

88. R: We are supposed to be the ones that revise it.

89. W: Well, then, anyway, it's all right.

90. R: **I was impressed how, how can a house be**...This doesn't sound right.

91. W: And, what about *how a house could* without *can*?

92. R: Exactly. I think it sounds better...**how a house could be**...so this *can* doesn't go there. This one, yes...

在这一段当中，两个学生困在一个错误使用的复句上（"and I was impressed at how can a house could be so far from the road"），谁也不确定怎样修改。有趣的是整个互动过程中任务控制权一直在两者间交替进行。尽管读者带头进行了修改，指出问题源并且给出修改意见（去掉介词 at，第 64 行），作者立刻否定了这个提议（第 65、67、69 行）。当读者坚持以自己的方式修改的时候，作者似乎有些疲倦了，不由衷地表示接受（"it's all right, whatever,"第 71 行）。但是读者并不轻易让作者放弃，敦促他解释清楚自己的意图。读者在这里扮演了一个如 Bruner（1978：254）提到的"交际棘轮"的角色，需要确保作者不会落后，合作正常进行，否则语言建架就会失败。当互动继续进行的时候，读者和作者之间建立起一种平等或对称的关系，两个人都时不时地表现出自我协调或者他人协调的行为。比方说，读者不太确定怎样解决这个句子中的动词问题（第 80-85 行）因此承认这个文章"稍微"有些困难（第 86 行），但他很快否定了作者向老师求助的提议。从作者这一方看来，在修改过程中他接受了同伴的指导但最终负责提供正确的修改方案（去掉多余的 can，第 91 行），读者接受了这个修改方法。这个修改最后在终稿中被采用。

在这一小节中，读者继续扮演着督促和保证完成修改任务的角色，即使在作者厌倦的时候，他也始终能够起到鼓励和促进的"棘轮作用"。而作者的表现在这一节中也可圈可点，尤其在读者的鼓励下，他最终提出了正确的修改方案。由此可以看出，随着交际的深入，作者和读者开始轮流扮演协调者的角色。通过协调自身和他人的行为，他们对于任务的参与性越来越趋于平等。双方都能够以平等的身份去参与讨论。这对于任务的最终完成起着重要的作用。

第 7 节和第 9 节中出现了最近发展区（ZPD）里两个衰退现象的例子。在这两节里，读者修改了两处使用正确的语言形式，而作者也默认了这种修改。在第 7 节里，同位语短语"the nearest *being*"被"the nearest *were*"取代。在第 9 节里，"we ended up in a room *that* could hold a house"中的关系代词 *that* 也被改成了 *where*。为了简洁起见，这里只提供第 7 节。

Episode 7（第七小节）

93. R: "**The nearest being…**"

94. W: "**Being at almost two miles away…**"

95. R: What do you mean in Spanish?

96. W: That the nearest being almost two miles…

97. R: **The nearest being**? **The nearest was**, the nearest was two miles away…
was or *were*? Was it near the house, or the houses?

98. W: Well, we passed two or three.

99. R: But if you say the nearest [*la más cerca*]…

100. W: I'm talking about the roads.

101. R: Oh, well, if you are talking of the **roads**, it's more than one, then it's
were, plural.

在这两节里，作者都接受了读者的修改建议，但在终稿里他却保留了自己的原句，这是自我协调行为的表现。我们相信假如不是作者在这个结构上对自己的知识有足够的信心，他一定会接受读者的建议而采用不正确的修改形式。这样的例子表明二语学习者极有可能倒退回较低的阶段而不是取得进步，通常是由于他的合作者在某些方面的知识有所欠缺或者对所修改的语言特征没有把握。在二语学生互改中，这种现象一直存在，因为问题源是不断变化的，难点和合作者对于第二语言的掌握也是变化波动的。另外，谁拥有更丰富的知识或者更自信在学生互改中也在不断变化。正如 Tudge（1990）指出的，由于这些原因，ZPD 中的同伴合作既可以引发进步也可以导致倒退。有时语调、语言技巧和说服能力可以让知识并不丰富但主导感强的合作一方让另一方在思考问题时出现倒退，尤其是当另一方不那么自信的

前面提到的二语学习中的退步现象是这一小节重点讨论的问题。退步现象不仅是二语学习的正常特点，在二语合作学习的过程中也比较普遍。合作学习涉及到至少两个个体，其中一方如果对某些知识的掌握不是非常牢靠，会影响另一方的学习。而且，学习双方的自信度和对任务的掌控程度等等都有可能引起语言退步情况的发生。通过微变化研究，这些学习中的前进或者退步都一一展现

时候。不过，就如 Lantolf 和 Aljaafreh（1995）所说，倒退现象在二语进步过程中是一个正常特征，并且在微变化的发展过程中能够体现出来。

在我们面前，使我们对于二语学习过程的复杂性有了更加全面的了解。

第 8 节是一段简短的对话，由读者主导，表现了一种典型的语言建架行为：示范（Bruner，1978；Wood et al.，1976）。

Episode 8（第八小节）

102. R: "**When we arrived to the cave**," comma, "**I thought**," I thought…what?

103. W: A lot of walking for…

104. R: I thought…

105. W: A lot of walking for this little hole…

106. R: Oh, you have the quotation marks here. I hadn't seen them. I thought….
　　You can put a colon, can't you? After you say, I thought.

在这一节里，读者独立地提出了一个问题源——一个漏掉的逗号（第 102 行），并且进一步作了修改，边说边在正确的地方标上了这个逗号。作者的参与仅限于在修改的时候大声读出句子的这个部分。他对读者这个修改的默许也体现在终稿里采纳了这个修改建议。尽管这一节简短而且缺乏合作特征，但它仍然很重要，因为它体现了学生互改中出现的修改策略的外化以及这种外化所包含的示范作用。

这里，读者和作者虽然没有非常明显的互动，但是他们之间的默契应该说更加前进了一步。读者不仅提出自己的修改意见，而且帮助作者进行了实际的修改行动。而作者这一方对于读者的修改行为，即文中提到的示范，也采取了默许的态度。显然读者对于这个修改点有充分的把握，因此他直接示范给作者看，完成了实际的修改行为。

到第 10 节的时候两个学生显得非常和谐，好像是一个人在工作。如同前面提到的，他们已经达到一种主体间性的状态，在这种状态下对于内容和结构的解释都不用完全讲透，他们就能够明白彼此的心思。

Episode 10（第十小节）

107. R: **What really impressed me was that it was a downward, next to us it was, next to us** there were [*había*]…

108. W: That *it* doesn't sound correct.

109. R: No, you are conjugating the verb….When you say the verb *to be* in the past, **I was, you were, she was, he was, it was**, there was, it was, there was [*hubo, estuvo, había*].

110. W: Then it would be there was [*había*], next to us **there was**…

111. R: **"There was,"** there was [*había, de haber, había*] **"a downward hole."**…What does it say here?

112. W: **"That lead us,"** [*que nos guiaba, que nos dirigía*] （文本显示的是：leaded)…

113. R: Led us [*nos guiaba, nos condujo*]…

114. W: Led us, took us [*nos condujo, nos llevó*]…

115. R: **That followed, followed, followed us**…

116. W: No, that would mean that it followed us [*que nos siguió*], **followed us**, that it followed us…

117. R: **Lead us**, [*nos condujo*], yes, but you mean led [*conducía*]…

118. W: Uh hmm.

在这节当中，读者和作者都表现出各自的弱点和专长。尽管两个人都不能正确修改 lead 的过去式形式（在终稿里写成了 leaded），读者仍然起到了把作者的注意力引向潜在问题源的作用（以 "But what really impressed…" 开头的句子），

任务进行到这儿，作者语言能力的进步越来越明显。即便在读者无法完全确定的时候，他也能够对修改提出自己建

他提供了一个更好的选择（*next to us*，第107行和110行），并且考虑到了使用语助词（*it*，第107行），还给作者上了一节关于词形变化的课（第109行）。在作者这一方面，他能够解释清楚"downward"的意义并且在决定语助词的正确使用这个问题时（110行）能够区分好的和不好的选择（第108行）。他们的共同努力使得作者在终稿中使用了正确的语助词。

到第11节时作者自我协调的能力显得更强了。在这节当中，作者坚决地否定了读者企图用代词 it 取代句子中一个重要内容的建议，并且自信地维持了自己原有的版本："After that trip I have been thinking about how some people spend a lot of money travelling when there are beautiful things in Puerto Rico…"

设性的意见，而读者仍然能够起到引导作者的作用，指出作者的问题所在。两者的关系也越来越和谐，对于对方的意见，不用完全点明，就可以心照不宣。

在下面的第十一节中，作者同样表示出越来越明显的自主性。他开始敢于向读者提出不同的意见，勇敢地说明自己的意图和见解。这说明通过互动，作者对于自己语言能力的自信心越来越强。

Episode 11（第十一小节）

119. R: "**After that trip,**" after that trip, I have been thinking about how many persons…

120. W: About how some persons…

121. R: **I have been thinking about *it*.**

122. W: No, because if I put *it*, it means I have been thinking about *it*, but I want to say that I am thinking, how could there be persons that spend their money, a lot of money, in traveling, when there are things here?

在下面的几节中（第 12 节到 16 节），我们可以看到两名研究对象之间的互动合作显示出高度的主体间性，双方都融入了任务当中，快速地作着修改，好象在遵循一种自动修改模式。作者和读者都频繁地用到 "*we*" 这个词语来表明对这个任务的 "共同的考虑"（Lidz, 1991）。修改不再仅仅是读者或者作者的责任，而是双方共同从事的独一无二的经历："*We* could also put...," "What are *we* going to write?" "*We* can say..."（见第 130、132、136、138-139、145-146、149-151 行）。

在 13 节当中，这两位学生都不断地对修改任务提出自己的看法，互动的最后结果可以称得上是真正合作的产物。

Episode 13（第十三小节）

   123. R: "**There are some places that...**"

   124. W: have to stay untouched by human hands.

   125. R: I don't know. This seems to need **it**.

   126. W: It already has *this*.

   127. R: Oh, yeah, yeah, right. "**This leads me to believe there are some places that...**"

   128. W: "**have to stay untouched.**"

   129. R: This must be *must*.

   130. W: We could also put...

   131. R: It's an obligation.

   132. W: *Must remain*, we could also put here *remain*...

   133. R: Exactly, **that must remain...untouched**. This way we can work better because, you see, two heads think better than one. When one works alone, one thinks and thinks and doesn't know what to do.

   134. W: Exactly. One gets stuck.

这一节说明了为什么一些研究者称这种发生在语言建架过程中的合作为艺术般的"舞蹈"（Berk & Winsler, 1995；Lidz, 1991），两个参与者都必须明白对方的举动并能预计到对方下一步的的行动，这样就不会有一个人跟不上节奏。当读者进一步推进任务，指出"This must be *must*"（第 129 行）时，作者一点也不落后，立刻接上了"Must *remain*, we could also put here *remain*"（第 132 行），而读者马上给出回应，"Exactly, that must remain...untouched"（第 133 行，这个句子在最终的文稿中被采用）。双方已经达到相互认知的状态，合作无间。对于双方达到的这种和谐的关系以及由此带来的益处，两人不禁同时发出由衷的感慨："Two heads think better than one"（两个智慧胜一人），还有"When one works alone"（一个人思考问题时，读者的话），"one gets stuck"（常常被难住，作者的话）（第 133 行和 134 行）。

随着任务的向前推进，作者和读者之间越来越默契，合作也越来越和谐。两人你一句，我一言，你来我往共同把原来的句子完整地组织好，语言也有了进步。在互动的过程中，得益的双方也意识到这种语言建架和合作给任务完成带来的好处，表明双方对于尚在进行的合作都表示满意和肯定。

到了第 14 节，语言建架由双方共同构建，双方都同样地进行了自我协调。

Episode 14（第十四小节）

135. W: To let the nature keep evolving by itself.

136. R: Look. Here we can put it more elegantly, **with that purpose**. It says, **what most impressed...was that the nature**...**with the purpose...to keep**...meaning *conserve*...

137. W: No, because *keep* is *to let* nature evolve by itself, **keep evolving**, this *keep* is not *to maintain* but *to let*...

138. R: So you suggest that we say...

139. W: **To let the nature keep evolving**…or we can say, **to let the nature evolve by itself**. We eliminate *keep* and we put *evolve*.

140. R: How do you write that?

141. W: E-v-o-l-v-e (spelled in Spanish)

142. R: E-v-? (in Spanish)

143. W: E-v-o-l-v-e (in Spanish) **evolve**.

144. R: I-n-g (in Spanish, [*desarrollarse*])

145. W: I-n-g, [*desarrollarse*], and we omit *keep* and we put **to let the**…. What did you say we were going to write here?

146. R: What are we going to write? **For the purpose**, [*con el propósito*]…

147. W: **With the purpose to let the nature evolve by itself.**

这一节中，两个学生共同的关注点是文章的风格，而且他们分析词汇选择的差异以使文章显得更有文采。由两人合作进行的修改在作文的终稿里被采用。

我们可以看到，作者的自主性随着任务的进行不断在加强。他不再只是被动地接受读者的意见，而是越来越显现出自己的判断力。对于读者不太成熟的意见，他能够坚持自己的想法，反驳读者的观点并且给出正确的解释。对于读者好的建议，他也能非常虚心地接受。

在 15 和 16 节里可以看到作者独立确定和修改问题源（第 149 行），并且在某些地方给读者提供语言建架（比方说 153-158 行）。

Episode 15（第十五小节）

148. R: **So people**, people of the future can…?

149. W: **So people in the future**…. I should change this *in* for *of*…instead of

in the future we can say *of the future.*

150. R: I don't think it is necessary to say *people of the future....* We can say *in the future.* What does it say here?

151. W: **"We can admire,"** admire, but then we should put *people* here, because if we take it out, then the word *people...,* **"so in the future can admire the wonderful works of nature."** There's something missing.

152. R: The people in the future could admire the wonders...the wonderful work of nature...right?

153. W: **So the people...**

154. R: **The wonderful work...**

155. W: **Works...**

156. R: The wonderful work, is that what you want to say?

157. W: Put an *s* at the end of *works.*

158. R: Why?

159. W: **The wonderful works of nature,** because it's not just one thing.

作者的自我协调和管理能力体现在终稿里他采用了所有自己在这一小节中提出的修改建议，以及最后将"people of the future"换成了"generation of the future"。

和前面几节一样，在任务即将进入尾声的时候，作者的自我管理意识逐渐加强。他对作文提出了自己的修改意见，而且在读者有保留意见时，坚持自己的观点，并且摆出理由说服对方。

在最后一节，即16节里，作者通过向读者直接发问（第166行）或者征求对自己错误的看法（第168行）主导了最后的评估行为。

Episode 16（第十六小节）

160. W: **Indent**, this is **indent**.

161. R: What?

162. W: **Indent**.

163. R: How do you spell it? It must be d-i- (spells in Spanish)…

164. W: D-e-n-t (spells in Spanish)…

165. R: **Indent**?

166. W: **Indent**…(long pause) How did you find…? Here it says that we should concentrate first on content and organization. How did you find this in content and organization? Did you get lost?

167. R: No, you wrote it just as it happened. You had a good organization.

168. W: So…the only thing I did wrong was…the…

169. R: Spelling mistakes. That's very common, everywhere…. How do you write "orthography" in English?

170. W: **Orthography**? Ah…o-r-t-o-g-r-a-p-h-y (in Spanish) o-r-t-h-o…

经过密切的合作，解决了许多语篇问题后，两个学生都同意整篇作文的"唯一"问题是"拼写"问题。这个评语表明他们将复杂的修改任务过分简单化了。不过，这种将任务中的困难简单化的行为也可以看作是"赞扬"和"鼓励"的一种形式（Lidz，1991）。这种"赞美"和"鼓励"在他们的认知、情感和社会资源经历了考验后可以仍然维持他们的自尊。

任务进行到最后，作者特别想知道对方对于自己作文的总体评价，他直接把自己的想法告诉了读者。读者在最后显然对作者采取了鼓励和肯定的态度。虽然作文有着这样那样的问题，读者在前面都已经一一指出，但是在任务即将完成时，读者一点不吝啬他的表扬：You had a good organization（你的结构很好）。在指出作者文章的唯一问题是拼写错误以后，他还安慰作者这是非常普遍的现象，无处不在。这种宽容和鼓励在任务结束时显得特别重要。毫无疑问，在任务的进行过程中，任务双方都经历了一系列考验：有语言能力方面的，有情感方面的，也有互相适应方面的……尤其对于作者来讲，审视自己的文章是比较困难的过程。现在这一切威胁都已经过去，当然作者和读者都有充分的理由来放松一下，特别是作者，对于自我的肯定和鼓励是必不可少的。读者适时地进行了肯定、赞美和安慰，让任务能够在轻松、愉快的气氛中完美地结束。

4. 结论

对数据进行微变化的分析让我们有可能观察到两个学生合作修改书面文本过程中出现的一系列语言建架机制。正如以前的研究所得出的结论，这些机制的出现证实了他们作为协调中介在最近发展区（ZPD）里的重要性，并且验证了这些机制在某些可能激活 ZPD 的潜在环

在结论部分，研究者首先总结了通过微变化研究法发现的读者的语言建架行为。在完成任务的整个过程中，读者所承担的协调者的角色非

境中的实用性。比方说在写作课上同学间合作修改就是这样一种潜在环境。在我们的研究中，读者作为协调者发挥了重要作用，特别是在修改阶段的前半部分，他的支持性行为使得这项任务能够顺利向前推进。这些行为包括：(a) 激发作者对任务的兴趣并在整个合作过程中保持不变；(b) 标示出作文中的问题或者关键处；(c) 给作者清楚地讲解语法和技术细节方面的知识；(d) 示范。

　　另外，读者的行为表现出：(a) 有意性（即影响伙伴行为的意愿，以保持合作的进行以及实现任务目标）；(b) 任务管理性（努力把任务变得对两人来说都具有可控性以及引导解决语篇中的问题）；(c) 意义突出性（通过把注意力放在模糊或者有分歧的地方来加深理解并且引出对方的解释或者修正）；(d) 适时回应性（了解伙伴的暗示，特别是情感上的细微变化，并且做出适当的回应）。同时，读者也能够运用到心理辨识的方法，即尽管他高度专注于修改任务并且时不时地处于主导地位，他并没有完全独占任务，而是适时地给予作者表达自己观点的空间。读者在任务中还表现了情感参与，他展示了幽默感，同时善于体察对方的情感，并且能够维护双方的自尊和两者之间友好的关系。最后，读者在合作中使用了共同立场，换句话说，通过征询对方的看法和认同，他试图用作者的视角来看待这篇文章。读者的所有这些行为都有助于为双方的合作构建一个有益的语言建架，在这个过程中一个自我协

常成功。在任务的前面部分，他的建架行为对修改任务起了主导作用。随着任务向前推进，读者的建架行为有所减少，但是由先前的建架行为所激活的作者自身的语言发展在后面的修改中起了更加重要的作用。

读者的建架行为具有不同的功能。其中最重要的是能够在任务中体察对方的情绪变化并且维持双方的和谐关系，这对于顺利完成任务至关重要。正是因为有了读者这些基于双方共同利益基础上的建架行为，作者才逐步树立信心，越来越主动地承担起修改的任务。

调、自我管理的作者逐渐出现在我们眼前。

　　另外一个有益于合作的语言建架机制是母语的间或使用。两个学生以母语（西班牙语）作为主要交流语言，促进了交流和任务目标的实现。从这种意义上说，母语起了通用语（lingua franca）的作用，也成了一种控制任务的手段。母语也有利于建立两种语言之间的直接联系，这种联系能够加强第二语言的表达。与 Antón 和 DiCamilla（1998）一样，我们也认为在二语课堂的合作写作任务中抑制使用母语并不见得是一种明智的教学方法，因为这同样也抑制了合作中母语作为一个关键的心理工具所发挥的作用。我们赞同 Wells（1998）的主张，即二语互动环境下母语使用的成效是要由这个任务的性质来决定（暗示母语的使用并不在所有的合作任务下都有效）。在我们的研究中，任务的目标是对书面作文的修改。母语的使用并不是妨碍而是促进了目标的实现，同时激发了思考、斟酌以及二语的重新构建，从这个意义上说，母语的使用是有价值的。

　　在整个合作过程中我们观察到的一个重要特征是读者和作者间主体间性的建立及保持。这种共同关注、共同努力的状态并不仅仅由我们上面提到的读者的这些个人努力所达到的，同样作者良好的个性，接受帮助的开放态度，以及对伙伴建议的价值的肯定也是能够达到这种和谐状态的必要条件。换句话说，作者并没有拒绝对方提供的帮助，而这种有可能发生的抵触情绪是在最近发展区（ZPD）内取得进步的严重阻碍（Litowitz, 1993）。

　　长久以来，对于母语在二语习得中作用的讨论都没有定论。有的将母语看作二语学习的主要障碍（Lado, 1957），有的认为母语的作用并不一定是负面的（Sharwood Smith, 1979；Schachter, 1983）。在本研究中，母语的使用对于任务的完成起了积极的促进作用。母语的使用构成了顺利交流的语言基础和心理认同，同时更有利于控制和管理任务。

　　上面提到了读者在合作过程中的积极作用，合作的顺利进行离不开双方的配合和努力，作者的作用同样非常重要。他乐于接受帮助的态度对于任务的完成和自己的进步都起了促进作用。

这种对数据进行微变化分析的手段可以观察到学生在最近发展区内的种种变化。从作者这方面来看，任务开始时，他是一个相当被动而且顺从的搭档，大多数时候都由对方来管理任务，通过对方的语言建架行为的刺激才有了回应。随着一节节对话的展开和任务的进行，我们看到他逐渐承担起了自己的责任，抛开自己的心理束缚开始提出或者拒绝建议，采取了作为修改者的更积极的态度，独立主动地发现和修改问题源。简言之，我们看到作者的自我协调逐渐形成，作为一个更独立的作者和修改者在不断进步。这项任务同样也促进了读者在二语写作和修改各个方面的进步，而且在如何策略性地提供帮助和合作方面也取得了进步。合作修改任务不仅使读者和作者得以巩固和重组他们的二语写作知识，例如在作文结构和修辞方面的知识，也使这种本来比较隐性的知识变得更加清晰、明确，对任务双方的帮助更大。总之，这次合作中语言建架的作用是相互的。当学生相互回应、互相帮助的时候，任务管理变得更为对称，在这个过程中他们分享了重要的经验，学到了新的知识。

最近发展区内的变化不仅在学生修改课上的行为中表现出来，同样在作者的作文终稿里体现出来。如前面分析里提到的，作者在终稿里采纳了大多数合作讨论时的修改建议，而且还进一步作了一些独立的修改。这些改变是否会导致长期稳定的进步只可能由长远的测试来判定（一些已经超出了我们的研究范围），然而有确定的迹象表明同学互改对合作双方都是一次学习经历。当

微变化研究最重要的特点和长处是对于变化的捕捉和分析。同样，在本研究中，我们可以看到微变化分析给我们展示的双方的合作过程和行为变化，特别是作者在读者语言建架行为的帮助下，在语言能力和任务控制能力等方面的种种变化。如果没有微变化研究法的详细记录和细致分析，那么这些细微的变化过程往往就会被我们忽略。

微变化研究法不仅能够详细记录变化的过程，而且对于变化过程中出现的种种复杂现象也能够一一呈现。和以往只注重变化和发展统一趋势的研究不同，微变化研究的出发点是能够揭

然，并不是最近发展区里发生的所有变化都是向目标语言和修辞形式接近。我们的分析同样暴露了一些学生不确定或者不知道标准的二语语言形式或者语言使用的情况，这时候他们最终采用了自己独创的选择。从目的语和理想的修辞的角度来看，他们交流的知识有时是正确的，有时是错误的；做出的选择有时是正确的，有时是错误的。但从社会文化的角度来看，两个学生一直在创立自己独有的理解二语的系统。从这一点上看，正如 Dunn 和 Lantolf（1998：427）提到的，"语法、语用或者词汇上的错误并不仅仅是语言学习中缺陷的表现，而且是学习者通过语言这种形式建立新的身份和获取自我协调的方式"，我们的研究目标是学生互改，因此研究所揭示出来的二语修改技能的微变化并不是一个单线的朝着二语规则顺利进行的过程，而是一个不规则的动态的过程，包含倒退、创造和进步等各种可能性。

示出发展过程的复杂性和不规则性。发展是一个动态的过程，期间的曲折和反复只有通过细致的分析才能完整且真实地体现出来。

　　关于研究中用到的微变化分析方法，我们发现这种分析方法对于揭示个体行为的变化过程极其有益。比如在本研究中对于文本修改过程中个体独立行为的形成和在社会因素介入的情况下转换和变化的过程，通过微变化研究法都能够一一展示出来。微变化研究法使我们对于学生互改的长期研究比以往任何时候都更能揭示出二语写作和修改的社会成因。提到这个，我们并不是说微变化分析在本质上比任何一种注重结果的研究方法更加优异，因为无论是注重过程还是结果，这两种研究法最终都是解释性和推断性的。不同的是，微变化分析所能够揭示的比以往研究更多，

研究者在这里再一次以自己的研究经历说明了微变化研究法的优势。相比较只研究产出或结果的研究方法，微变化研究法特别注重过程的研究和个体的分析。由此得出的研究结论也揭示出了以往研究方法所无法发现的事实。

甚至是完全不同的结果。正如 Valsiner（1996：299）提到的，"个体发展是一个多线性的过程"：就像相同的方法在不同的学习者身上会有不同的结果，相似的结果也可能来自于不同的方法。因此，在寻找教学过程和语言发展的联系时运用微变化方法做仔细的分析是必不可少的，如果只使用注重分析结果的研究方法，也许根本就不可能发现这些联系。

在二语教学的其他方面和领域也可以沿着这个方向作进一步的研究。比方说，在写作课堂上，对于体裁的概念是怎样形成和发展的？在面对面帮助学生处理议论、说明、描述或者类似体裁的作文时，老师或者同学采用了怎样的方法？在这个研究中，参与者是两名男同学。是否性别或者说组对的性别安排在语言技能的变化中是一个重要的变量？在特定的语言学习环境和群体里，什么样的语言建架机制具有文化独特性？

总的来说，这项研究探索了二语学生互改中语言建架的动态发展过程。这项研究有助于更好地理解在协调性学习中学习者相互合作时发生的复杂多变的语言建架机制，并揭示了有可能促进或者抑制最近发展区内语言发展的各种行为，而这些行为在写作课堂上往往被忽略。所有的学习环境都是独一无二的，这篇论文里描述到的学生互改同样如此。然而，这里进行的分析对研究所有能够激发潜在 ZPD 的协调性帮助行为和情形都适用，尤其适用于观察和研究有同学或者老师介入的二语写作课堂。比如，在这个研究中学生表现出的某些行为在培训同学或者教师的课堂上也

研究者在文章的结尾指出了未来研究的方向和可能性。

论文的最后，研究者指出了此项研究的重要意义，也提出了二语写作互改过程中动态研究的必要性。

可以进行分析和尝试。而这些方法能否被成功采用很大程度上依赖于是否遵循了语言建架的最重要的原则之一，即语言建架的使用必须建立在灵活、适时的基础上。如同 Wells（1999：319）提到的，在教学中"一个人面对的是一个移动的目标"。我们希望这项研究以及同样方向的其他研究都能够揭示在语言建架帮助下的合作学习过程中出现的一些重要时刻和变化。

本章小结

和上一章中的研究实例不同，本章中介绍的研究以定性分析为主。本研究详细地记录了两位研究对象在合作完成作文修改任务过程中的交流和互动。数据收集过程没有涉及到人为的控制，完全是自然状态下的原始记录。数据分析主要在社会学的大框架下，以最近发展区内的语言建架为目标，识别和确定作者和读者为完成任务所采用的种种策略，并且分析了这些策略在合作修改作文过程中的功能。微变化研究法如微雕艺术般的细致分析揭示出二语作文修改过程中的语言建架机制，对于我们更深入地了解二语写作过程起了重要作用。微变化研究法注重过程分析的理念开拓了研究视野，帮助我们看到了以往过分注重结果和产出的研究所无法涉及的领域，获得了有价值的研究结果。

第五章　国内微变化研究法
研究实例（一）

在第三和第四章中，我们一起研读了两项国外运用微变化研究法进行的研究实例。虽然研究方法和侧重点不同，这两项研究都是比较具有代表性的微变化研究。从本章开始，我们将要看到的是国内运用微变化研究法所进行的几项研究实例。相比较国外的研究而言，国内运用该研究法的研究才刚刚起步，所以无论是从研究的数量上，还是从研究的广度和深度上来说，都和国外的研究存在着一定的差距。但可喜的是，越来越多的研究人员正逐渐意识到微变化研究的优势，开始尝试用该方法或者该方法所倡导的理念从事研究，并且取得了一些有价值的研究成果。

国内研究人员运用微变化研究法所进行的研究主要集中在二语习得领域，以二语词汇习得和口语研究为主，研究对象一般为大学在校生。本章介绍的这项研究涉及二语阅读理解和词汇习得，是国内较早明确使用微变化法的研究案例。该研究运用了微变化研究法所要求的基本要素，设计简单明了，浅显易懂。因此，我们从这项研究开始，探讨我们可以学习和借鉴的地方。

该研究是 2003 年由南京大学英语系朱婧完成的本科论文，题目为 Effects of input frequency on L2 learners' reading comprehension improvement and vocabulary learning（输入频次对二语阅读理解和词汇学习的影响）。该论文用英语完成，笔者重新进行了翻译和改写，并且加上了一些评语，以帮助理解和消化。

研究案例

输入频次对二语阅读理解和词汇学习的影响
朱 婧

1. 研究背景

大多数人都相信"熟能生巧"的道理，语言学习者也不例外。但是，关于二语学习中频次作用的研究长期以来却被忽视。所谓频次，在本研究中主要指输入的次数。它和我们通常所理解的练习有着密切的联系。虽然近年来有关频次作用的讨论重新兴起。但是，对于它在语言学习中的具体作用，研究人员的观点莫衷一是。

本研究重点探讨输入频次对二语阅读和词汇习得的影响。阅读长期以来一直被认为是语言输入的主要方式（Krashen，1982，1989），但是阅读输入的次数和阅读理解存在着什么样的关系，我们却不得而知。是不是读的次数越多我们的理解就越准确？到底阅读几次可以达到对原文的完全理解？对于这些问题，以往有关阅读理解的研究都没有给我们提供答案，因此，本研究从这些问题出发，以期能够揭示出阅读过程中输入频次的作用。另外，学者们普遍认同阅读也是习得词汇的重要途径（Huckin & Coady，1999；Hulstijn，1992；Mason & Krashen，1997；Paribakht & Wesche，1999；Pitts，White & Krashen，1989），但是对于阅读输入次数对词汇习得的影响，学者们却又存在着不同意见（Horst & Meara，1999；Rott，1999；Webb，2006）。基于以上这些考虑，本研究主要探讨输入频次在二语阅读和词汇学习中的作用以及比较输入频次在这两项同时进行的任务中的不同作用。

2. 研究方法

本节介绍了研究问题、受试、研究使用的实验工具以及实验过程。

2.1 研究问题

本研究试图回答下列三个问题：

（1）输入频次怎样影响二语学习者的阅读理解？

（2）输入频次怎样影响学习者的词汇习得？

（3）输入频次能同时对阅读理解和词汇习得产生同样影响吗？

2.2 受试

四名中等水平的英语学习者（分别以他们名字的首字母 W、X、Y、Z 表示）被挑选作为本研究的受试。他们都是来自南京大学的非英语专业学生，其中一名男性，三名女性。年龄从 22 到 25 岁不等。所有受试均有良好的学习英语的动机，在实验过程中积极配合。为保证四名受试的英语水平相当，托福和 GRE 口试成绩被用来作为他们英语综合能力的参考。他们的托福成绩从 637 分到 653 分不等，而 GRE 口试成绩从 630 分到 670 分不等。总体而言，他们的英语水平大体相当。

2.3 研究工具

阅读文章是一篇题为《美国和第一次世界大战》的说明文，选自 *Advanced Reading Selections for English Tests*（1998）。文章长度为 472 字，有较多上下文提示，便于理解。文章难度相对于受试的英语水平来讲约为中等难度。文章以旁注的形式给出 25 个单词的词义解释，其中 10 个为目标词。文章的主题及内容都是受试比较熟悉的，因此受试都具有相似的背景知识。

2.4 实验过程

实验对四名受试分别进行，每次实验时，由一名受试单独和研究人员见面并完成实验。

首先，在正式实验前两天对四名受试进行一个词汇前测，以确保 10 个目标词汇为陌生词

可以说，朱婧的这项研究设计是比较典型的使用微变化研究法的案例。整个设计采用了人

汇。用于前测的词汇表包括 25 个可能的目标词汇（都将在阅读文章的词汇注释中出现）和另外 25 个非目标词汇。受试被要求注意词汇表中那些已知的词汇并且写出它们的中文意义，而跳过那些他们从未见过或者不熟悉的单词。在前测的基础上，筛选出 12 个会在阅读文章的注释中出现、但四名受试都不认识的单词。其中有两个单词由于过于专业化不适合测试而被淘汰，最后剩下的 10 个词作为目标词汇。

接下来连续三天，即六个连续的半天里，研究将以微变化研究法进行。在这六个实验阶段中的每一个阶段，受试都拿到一篇阅读文章，在文章右边都附有词汇注释。受试按照要求在 10 分钟内阅读这篇文章。阅读理解的测试卷直到阅读结束后才分发给他们，因此受试并不知道有什么样的测试等着他们（尽管随着实验重复几次后他们会逐渐记住这些问题）。受试读完文章后立刻开始做阅读理解测试题，要求在 7 分钟内完成 7 道以选择题形式出现的阅读理解题，在答题过程中，受试不允许看文章。在接下来的 15 分钟里，依据 VKS（Vocabulary Knowledge Scale，词汇知识量表）（Paribakht & Wesche, 1997）的测试形式，要求受试对 15 个在注释中出现的词汇（包括 10 个目标词汇和 5 个非目标词汇）的掌握度进行自我测评。在这个过程当中，受试不得再次接触文章或者使用词典，研究者鼓励他们尽量真实地测量自己对每个单词的掌握度。同样的程序在六个连续的半天里连续实施六次。

为控制的实验方法，让受试在短时间内重复同样的实验过程，模拟自然状态下输入的积累过程，以期能够推断出输入次数对于阅读理解和词汇习得的影响。

实验只选择了四名受试，并且采用了一一进行实验的方式，目的是为了更好更细致地观察每个个体的行为。为了排除不必要的干预，实验把时间跨度控制得比较短，只有三天时间，但是期间的输入强度非常大，输入频次达到了六次。至于六次是否能够足以观察到变化的全部过程，论文没有说明，但是从后面的结果来看，输入频次的选择还是能够充分满足微变化研究所要求的足够长的观察周期。也就是说，六次的观察涵盖了变化的整个过程，第六次以后，变化就趋于逐步稳定。

六个连续的实验阶段完成后，研究者立刻对四名受试一一做了回溯性访谈。受试首先被要求对第一次阅读理解测试中 7 个问题的答案作出解释。如果受试对某一道问题选择的答案以及对答案作出的解释都是完全正确的，那么就可以认为该受试对于该问题的理解一开始就完全正确。如果在后五次测试中他（她）的选择都是正确的，在接下来的访谈中将不会再让他（她）对该题的答案进行解释。反之，如果在第一次阅读理解测试中，受试对某一道问题作出了错误的选择，而他（她）的解释也是完全错的或者部分错误；或者虽然受试在某道题目上能够选择正确的答案，但是解释是完全错误或者部分错误，研究者就要求受试对六次测试中同一道题目所选的答案都作出解释，以此来完整地了解受试对某一道题目的理解程度逐渐加深的整个过程。采访被录音以供阅读理解打分参考之用。采访用中文进行，因此受试可以自由表达和说明他们真实的思想和行为。

最后，间隔一周后，所有的受试都在事前没有通知的情况下接受一个后测来测试他们对 10 个目标词汇的记忆程度。他们被要求再次依据 Paribakht 和 Wesche（1997）的 VKS 来评估自己对每一个目标词汇的掌握度。时间限制仍然是 15 分钟。

对于这项以定量分析为主的研究，访谈同样重要，能够帮助研究者透过现象看到一些本质。所以，以探究变化本质为目标的微变化研究设计一般都要在每次实验后使用访谈等研究工具，以期能够揭示变化的过程和原因。理想的状态是，每次实验后都能够进行回溯性访谈，因此在受试记忆还非常清晰的时候，能够记录下每次发生的细微变化。虽然朱婧的研究没有能够做到这一点，但是最后的访谈在某种程度上可以进行一定的弥补。这点也希望我们在设计自己的研究时能够加以重视。

2.5 数据分析

（1）四名受试阅读理解的数据分析

所有受试的阅读理解根据他们对 7 个阅读理解问题所作的回答来度量。

每名受试在每一个实验阶段的阅读理解的测试分数通过将每一个问题所得分数相加得到。对于每一个问题，0 代表错误答案，1 代表正确答案。因此，每一实验阶段每一名受试阅读理解可能的最大分值为 7 分，最小分值为 0 分。

尽管四名受试的测试分数从某种程度上反映了他们对文章的理解，但不能反映出他们对每一个具体测试问题的理解深度。因此，在访谈的基础上，本研究还采用了 0-2 的评分量表来评估受试对于阅读问题的理解深度。如果受试对某个问题的答案以及给出的解释都是完全正确的，则这道题得 2 分；如果受试对某道题给出了部分正确的解释，则无论答案正确与否，此题都得 1 分；如果受试给出的解释完全错误，则无论答案正确与否，此题为 0 分。这样的话，每名受试每一次测试可能的最大分数值为 14 分。

微变化研究以揭示细微变化为目标，因此在数据分析时，也要采用比较精细的量表。否则，细微的变化过程就无法全部显现出来。在本研究中，除了阅读理解题的得分以外，作者还加上了能够对阅读理解深度进行测量的评分标准，这对于进一步揭示出阅读理解程度的细微变化过程是一种有益的尝试。

（2）四名受试词汇习得的数据分析

所有受试的词汇习得情况通过他们在六次词汇测试中取得的成绩来衡量。

在这六次词汇测试中，受试对于每个目标词的答案均以 VKS（Paribakht & Wesche，1997：180）为依据来进行评分。

由 Paribakht 和 Wesche（1997）建立的词汇知识量表包括两部分：一是自我评估层次，由受试对于目标词的掌握程度进行自我测评。从能够认出目标词到知道它的确切意义再到可以在句子中准确地运用该词，这个自我测评体系能够比较全面地反映出受试的词汇掌握程度。词汇知识量表的另一部分是和自我评估相对应的评分量表。受试自我评估的对于每个词的掌握程度被按照一定的原则转化为分数。这个词汇知识量表被较广泛地使用于词汇习得研究，而且它的有效性和灵敏度也被普遍认可。图 1 和 2 分别具体说明了词汇知识量表的两部分内容。

Self-report categories（自我评估层次）

  I. I can't remember that I have seen this word before.
     （我不记得以前见过这个词）

 II. I have seen this word before, but I don't know what it means.
     （我以前见过这个词，但是不知道它的意思）

III. I have seen this word before, and I think it means _____.
     （我以前见过这个词，而且我认为它的意思是 _____。）

IV. I **know** this word. It means _____. (synonym or translation)
     （我**知道**这个词。它的意思是 _____。）（近义词或翻译）

 V. I can use this word in a sentence: _____. (Write a sentence.)
     （我能够在句子中使用这个词：_____。）（写一个句子）

图 1. VKS 的自我评估体系（Paribakht & Wesche，1997：180）

Self-report categories（自我评估层次）	Possible scores（可能分值）	Meaning of scores（分值含义）
I	0	The word is not familiar at all.（该词一点不熟悉）
II	1	The word is familiar but its meaning is not known.（熟悉该词，但不知词义）
III	2	A correct synonym or translation is given.（给出正确的近义词或翻译）
IV	3	The word is used with semantic appr-opriateness in a sentence.（在句中使用该词，语意准确）
V	4	The word is used with semantic appr-opriateness and grammatical accuracy in a sentence.（在句中使用该词，语意和语法均准确）

图 2. VKS 的评分量表（Paribakht & Wesche，1997：181）

同阅读理解测试的分数计算方法一样，词汇测试每一阶段受试的分数同样是将10个目标词汇的得分相加，因此，可能的最高得分是40分。所有受试的词汇测试得分都由研究者和另外一个评分者算出，这位评分者同样是来自南京大学的一名大四英语专业学生。两名研究人员算出的分数平均数将会作为最后的分数以保证客观性。

观察上面的VKS评分量表（图2）可以看出，它列出了学习者自我评估的各个层次，而且每个层次和其他层次之间也有交叉和混合的现象。另外研究者也考虑到，在数据分析的过程中，有必要将受试的接受性知识和产出性知识结合起来考虑，因为它们是完全不同的知识。因此，另外两种不同的评分方式将会用来分别考察这两种知识。

读者的接受性词汇用一个0-3的量表来评估：0代表层次I，1代表层次II，2代表层次III，3代表层次IV。受试在完全掌握目标词汇的接受性知识时会得到3分。在衡量产出性知识时，假如受试完全掌握了测试词汇的产出性知识，即受试对于目标词汇的掌握达到层次V的话就得3分，如果达不到了层次V的话就得0分。这样，接受性知识和产出性知识可能的最高得分均为30分。

关于词汇习得的测量工具选择同样反映出微变化研究的特点。由于微变化研究自身的特点，测量工具需要能够比较精准地把握住变化的幅度，对于任何细微的变化或者差距都有较大的敏感度。本研究对VKS (Paribakht & Wesche, 1997) 进行了一些改进，建立了自己的词汇量表。该量表和VKS一样，把受试的词汇掌握程度分成了可以精确量化的五个层次，同时给予一定的分值。而且，新的量表对接受性词汇和产出性词汇进行了区分，可以比较全面地测量受试对词汇的掌握程度以及对这两种不同知识掌握上的差异。

3. 结果和讨论

本章主要汇报和讨论研究的结果。对于输入频次对于学习者的阅读理解提高和词汇习得的影响，以及输入频次是否能同时对阅读理解和词汇增长产生同样的影响给出试探性的回答和解释。

3.1 输入频次对于阅读理解提高的影响

依据前面数据分析中提到的评分方法，阅读测试中，每位受试单个问题的得分为 s，s1 就是在第一道阅读理解问题（共 7 题）上的得分，依此类推。阅读理解每一次测试的总得分为 S。每道阅读理解问题的理解深度得分为 u，u1 就是在第一道题目上的得分，依此类推。而每一测试阶段理解深度的总得分为 U。四名受试在六次阅读理解测试中的表现在下面的表 1-4 中列出。

表 1. 受试 W 的阅读理解和理解深度得分

测试	s1	s2	s3	s4	s5	s6	s7	S
1	1	0	0	0	1	1	1	4
2	1	1	0	1	1	1	1	6
3	1	1	1	1	1	1	1	7
4	1	1	1	1	1	1	1	7
5	1	1	0	1	1	1	1	6
6	1	1	0	1	1	1	1	6
测试	u1	u2	u3	u4	u5	u6	u7	U
1	2	0	1	1	2	2	2	10
2	2	2	1	2	2	2	2	13
3	2	2	1	2	2	2	2	13

（待续）

（续表）

测试	u1	u2	u3	u4	u5	u6	u7	U
4	2	2	1	2	2	2	2	13
5	2	2	1	2	2	2	2	13
6	2	2	1	2	2	2	2	13

表 2. 受试 X 的阅读理解和理解深度得分

测试	s1	s2	s3	s4	s5	s6	s7	S
1	0	1	0	1	0	1	0	3
2	1	1	1	1	0	1	0	5
3	1	1	1	1	1	0	1	6
4	1	1	1	1	1	1	0	6
5	1	1	1	1	1	0	1	6
6	1	1	0	1	1	0	1	5

测试	u1	u2	u3	u4	u5	u6	u7	U
1	1	2	0	2	1	1	1	8
2	2	2	1	2	1	1	1	10
3	2	2	1	2	2	1	1	11
4	2	2	1	2	2	1	1	11
5	2	2	1	2	2	1	2	12
6	2	2	1	2	2	1	2	12

表 3. 受试 Y 的阅读理解和理解深度得分

测试	s1	s2	s3	s4	s5	s6	s7	S
1	0	1	1	0	1	1	0	4
2	1	1	0	0	1	0	0	3
3	1	1	1	1	1	1	0	6
4	1	1	1	1	1	1	0	6
5	1	1	1	1	1	1	0	6
6	1	1	1	1	1	1	0	6

测试	u1	u2	u3	u4	u5	u6	u7	U
1	0	2	1	1	2	1	0	7
2	2	2	1	1	2	1	0	9
3	2	2	2	2	2	2	0	12
4	2	2	2	2	2	2	0	12
5	2	2	2	2	2	2	0	12
6	2	2	2	2	2	2	0	12

表 4. 受试 Z 的阅读理解和理解深度得分

测试	s1	s2	s3	s4	s5	s6	s7	S
1	1	1	0	0	1	1	1	5
2	1	1	1	1	1	0	1	6
3	1	1	1	1	1	1	1	7
4	1	1	1	1	1	1	1	7
5	1	1	1	1	1	1	1	7
6	1	1	1	1	1	1	1	7

测试	u1	u2	u3	u4	u5	u6	u7	U
1	2	2	1	1	2	1	2	11
2	2	2	2	2	2	1	2	13
3	2	2	2	2	2	2	2	14
4	2	2	2	2	2	2	2	14
5	2	2	2	2	2	2	2	14
6	2	2	2	2	2	2	2	14

以上表格中所显示的分别是每位受试在六次测试中的数据，为了更直观地呈现四名受试在阅读理解和理解深度这两方面表现所经历的变化，他们的综合表现分别用折线图的形式呈现在图3和4中。

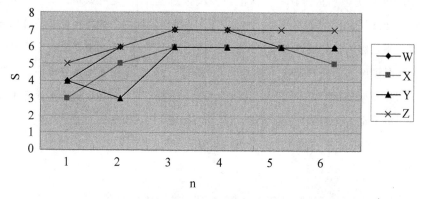

图 3. 四名受试阅读理解的变化

从图3中可以看出，大致上四名受试阅读理解测试的成绩都随着输入频次的增加而提高，不过六次测试过程中成绩同样有所波动。在表示阅读理解分数（S）随输入频次（n）而变化的曲线中，受试Z的分数随着输入频次不断增加直到在第三次测试中达到7分，之后的测试一直保持在7分。受试Y的得分在第二次有所下滑，到了第三次又剧烈上升，从3分一直上升达到6分，之后保持不变。W和X的得分随着输入频次提高，然而在分别达到7分和6分的最高值后出现了下滑。实验结果表明总体上输入频次对阅读理解有积极的帮助作用，但有时阅读理解的测试分数并不稳定，反复或者下滑的现象时有发生。显然，当受试有机会重新阅读文章并且更加仔细地思考测试题目时，他们能够对文章有更深入的分析和

微变化研究的基本要素包括对研究对象个体差异的分析。因此论文在汇报结果时，对于每位受试的每次阅读理解测试成绩都列表一一作了汇报。为了更加直观形象地展示出变化的趋势，论文作者使用了折线图绘制出每位受试随着频次增加而改变的阅读理解分数，使结果一目了然，更好地帮助读者理解。在具体说明和分析四名受试的变化过

理解。但是，在某些情况下，他们对某些问题的理解并不随频次而变化，他们对这些问题的理解一直没有非常透彻，有时他们的理解还会被一些干扰因素所影响。而且在六次的反复阅读过程中，受试 X 和 Y 从没有得到最高分 7 分。表面上看似乎是因为他们或许需要更多的输入频次，然而更具说服力的解释是输入频次并不是影响二语学习者阅读理解的唯一因素。其他的因素，诸如受试的词汇量、阅读能力、动机以及学习风格都可以影响阅读过程和他们的阅读理解成绩。

程时，也是分别加以说明和解释，因此受试之间的共性和个性非常清楚地显露出来。比起只分析群体趋势的研究来说，微变化研究采用的注重个体分析的特点可以揭示出掩盖在群体特征下的个体差异。

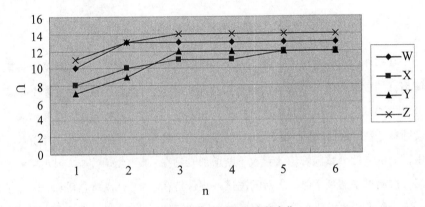

图 4. 四名受试阅读理解深度的变化

图 4 展示的是四名受试在六次测试中阅读理解深度的变化。在图中，四名受试的 U-n 曲线无一例外地呈现出上升趋势。这意味着随着输入频次的增加，四名受试对文章的理解稳步加深。六次测试中没有任何明显的波动。从曲线中可以看出，受试 Y 和 Z 对于文章的综合理解在前三次测试中大幅增加，在第三次测试中分别达到 12 和 14 的恒定最

阅读理解测试的得分在一定程度上可以反映受试的阅读理解能力，但是并不能完全反映出他们对于文章的理解程度，因此作者又通过访谈得出了每位受试阅读

高值。受试 W 的阅读理解深度的增长模式同 Y 和 Z 相似，不同的是他在第二次测试时就已经达到恒定最高值 13 分。最有意思的是受试 X 的表现。她在前面的五次测试中表现出稳定的上升趋势，直到第五次时才达到恒定最高值 12 分。根据学习的基本力量法则，练习的作用在学习的初级阶段表现得最为明显，接着会逐渐减弱 (R. Ellis，2002)。这也许可以用来解释为什么大部分受试在三次阅读后对文章的理解就基本上再也没有什么进步了。

理解深度的分值。和汇报阅读理解的得分变化情况一样，阅读理解深度的变化分析也以个体分析为主，旨在揭示个体的变异性。

从以上的讨论可以发现，一定的输入频次 n 过后（这个频次定义为最佳输入频次 n_{opt}），所有受试对文章的理解深度均达到一个恒定值 U_{max}。受试 W、X、Y 和 Z 的 U_{max}（阅读理解深度最高值）和 n_{opt}（最佳频次）值见表 5。

表 5. 四名受试的 U_{max} 和 n_{opt} 值

受试	W	X	Y	Z
U_{max}	13	12	12	14
n_{opt}	2	5	3	3

从表 5 中我们可以看到，如同部分受试的阅读理解测试分数 S 一样，受试 W、X、和 Y 的 U_{max} 值，即阅读理解深度的分数并没有达到最高分 14 分。前面已经解释过，输入频次并不是影响二语学习者在阅读过程中对文章理解的唯一因素。而且其实 S-n 曲线和 U-n 曲线是密切相关的，因为受试对文章的理解在很大程度上决定了他们的阅读测试分数。至于不同的 n_{opt} 值（最佳频次），一个可能的解释就是不同的学习者在阅读理解过程中所需的最大频次是不同的。某些学习者在加工理解所需的信息时要快一些，而另外一些学习者则要慢一些。

微变化研究的另外一个对于我们教学实践有益的启示体现在它可以分析出频次作用的最佳发挥点，可以让我们的教学实践遵循频次发挥作用的规律，保证有足够的输入次数使学生最好地发挥出自己的水平。

3.2 输入频次对词汇增长的作用

根据前面提到的由 Paribakht 和 Wesche 制定的 VKS 评分量表，四名受试在六次词汇测试和后测中每次测试每个目标词汇的得分 v 和每个目标词汇六次测试及后测的总得分 V 被分别计算统计出来，详见表6-9。

本研究共包括 10 个目标词，分别是：tonic (n.)、by all odds (adv.)、emphatically (adv.)、veritable (adj.)、hidebound (adj.)、agrarian (adj.)、steep(v.)、instigate (v.)、suffuse (v.) 和 engulf(v.)。在下面的表中，它们分别用数字 1-10 代替。

表 6. 受试 W 词汇测试中的单个目标词得分和总分

测试	v										V
	1	2	3	4	5	6	7	8	9	10	
1	3	2	2	3	2	4	3	4	0	3	26
2	3	3	4	2	3	4	4	4	3	4	34
3	4	3	4	3	3	4	4	4	4	4	37
4	4	4	4	3	4	4	4	4	4	4	39
5	4	4	4	3	4	4	4	4	4	4	39
6	4	4	4	4	4	4	4	4	4	4	39
后测	4	4	4	4	4	4	4	4	4	4	39

表 7. 受试 X 词汇测试中的单个目标词得分和总分

测试	v										V
	1	2	3	4	5	6	7	8	9	10	
1	1	2	3	3	3	2	2	1	2	1	20
2	2	2	3	3	3	2	2	4	3	2	26
3	2	2	3	4	2	3	4	3	3	29
4	3	3	3	3	4	3	4	3	3	33
5	4	4	3	4	4	3	4	4	3	34
6	3	4	3	3	4	3	3	4	4	4	36
后测	3	4	4	3	4	3	3	4	4	3	35

表 8. 受试 Y 词汇测试中的单个目标词得分和总分

测试	v										V
	1	2	3	4	5	6	7	8	9	10	
1	1	1	2	1	1	2	1	3	1	1	14
2	1	2	2	2	1	2	1	3	3	2	19
3	1	2	3	2	2	3	2	3	3	2	23
4	3	3	3	3	3	4	3	3	4	3	32
5	3	3	3	4	3	3	3	3	4	4	33
6	3	4	3	4	3	4	3	3	4	4	35
后测	3	4	3	4	3	4	3	3	4	4	35

表 9. 受试 Z 词汇测试中的单个目标词得分和总分

测试	v										V
	1	2	3	4	5	6	7	8	9	10	
1	3	3	3	2	2	4	3	3	1	4	28
2	4	3	4	3	3	4	3	3	3	4	34
3	3	4	4	3	4	4	3	4	3	4	36
4	4	4	4	4	4	4	4	4	4	4	40
5	4	4	4	4	4	4	4	4	4	4	40
6	4	4	4	4	4	4	4	4	4	4	40
后测	4	4	4	4	4	4	4	4	4	4	40

从表 6-9 中可以发现，六次词汇测试的结果显示出经过一定的输入频次后，四名受试掌握的目标词汇的知识达到了第四甚至是第五层次。就词性而言，所有受试在习得词汇过程中均未表现出由于词性不同而产生的明显习得差异。这也许是因为在词汇测试过程中的输出使受试注意到了这 10 个出现频繁的目标词汇。Swain（1995, 1998）讨论过输出对学习形成积极影响的各种方式。她认为学习者在试图输出目标语时会注意到

在讨论输入频次对词汇习得的影响时，作者同样采用了个案分析的方法，每位受试对每个目标词的掌握程度都用表格的形式一一列出。

在讨论了词汇测试分数随输入频次增加而进步的总体趋势后，作者

相关输入（引自 Gass & Mackey，2002）。在这种情况下，尽管受试会因为不断变化的非目标词汇而分散注意力，但是对于频次的敏感会使他们有意无意地注意到相关的输入从而将更多的注意力放到目标词汇上。实验结果证明了输入过程中二语学习者对频次的敏感性。

另外，某些受试的得分在第四和第五层次间表现出波动。这大概是由于他们对于目标词汇的掌握处于这两个层次之间，波动是由于他们在自我测评时的不确定所致。

受试对于 10 个目标词汇的记忆程度也由表 6-9 中的后测结果表示出来。后测在六次测试完成后的一周后进行。数据显示受试对于 10 个目标词汇中的大多数的掌握程度都保持在和最后一次测试，即第六次测试的同等水平。不过，某些受试对某些词汇的知识却从第五层次退回到第四层次。从以上的表格中可以看出，这些词汇都是受试在第六次测试时才达到第五层次的理解。因此，我们可以得出这样一个结论，即这种退步是因为受试没有接受足够频次的输入所致，也就是说六次输入还不足以使受试完全掌握该词汇。从受试 X 的测试成绩中我们又观察到一个非常有意思的、与上述退步情况相反的现象。在后测中，受试 X 对于目标词 emphatically 的自我测评从第四层次进步到第五层次。一些研究者 (Gass, 1997；Mackey & Philip, 1998) 曾提出，当学习者还没有达到合适的发展阶段，尚无法立刻利用输入时，这种输入有可能被储存起来，过后再处理和使用（引自 Gass & Mackey，2002）。

还特别指出了某些受试在某些目标词汇上出现的个体变异性。有些词汇的掌握程度出现了波动，在第四和第五层次之间徘徊。同样在后测中，受试词汇知识的掌握出现了一些上下波动，有进步，也有退步。这些在总体进步趋势掩盖下的曲折变化正是微变化研究法所特别注重的。如果我们只注意量化的表面分析，那么这些细微而复杂的变化我们就无法捕捉到。每一个细小的变化对于我们完整、充分地了解变化的本质都是有意义的，我们千万不能忽略。

以上汇报和讨论的是受试在六次词汇测试和后测中对每个目标词汇的掌握情况。下面的折线图 5 描述的是受试六次词汇测试的总分。

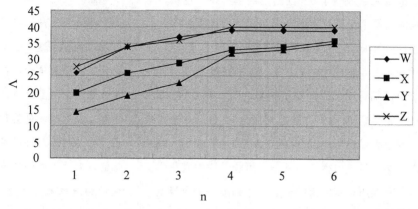

图 5. 四名受试词汇测试总分的变化

从以上的表和图可以发现，一定的输入频次 n 过后（这个频次定义为最佳输入频次 n_{opt}），受试的词汇测试总分会达到一个相对稳定的值 V_{max}。受试 W、X、Y 和 Z 的 V_{max}（词汇测试最高值）和 n_{opt}（最佳频次）值见表 10。

表 10. 四名受试的 V_{max} 和 n_{opt} 值

受试	W	X	Y	Z
V_{max}	39	36	35	40
n_{opt}	4	≥6	≥6	4

根据图 5 的 V-n 曲线，我们可以观察到所有受试的词汇测试总分都随着六次测试中输入频次的增加而不断进步。这表明输入频次对于词汇习得的强大影响。在这些曲线中显示出的单向上升的趋势同阅读理解变化的 U-n 曲线中表示出的变化趋势非常相似。从表 10 我们可以看到，受试 W 和 Z 的目标词汇知识在第四次测试时分别达到

正如上面提到的，图形可以帮助读者更加直观地了解发展和变化的全貌，所以我们作为研究者要充分利用这些形象的工具，更好地展示研究结果。

了 39 和 40 的恒定最高值。而受试 X 和 Y 都是在第六次测试时才达到最高值。因此，他们的 n_{opt} 值都是大于或等于 6。前面已经解释过，这也许是因为每个受试达到最佳习得程度所需要的输入频次是不同的。另外，U-n 曲线中的 n_{opt} 值还可能影响 V-n 曲线中的 n_{opt} 值，这将在接下来的一节中详细讨论。如同受试的 U_{max} 值一样，W、X 和 Y 的 V_{max} 值同样没能达到满分 40 分。一个可能的原因是他们还没有能够接受到足够的输入频次以达到最佳习得。另外一个可能的原因则是学习者在经历一定频次的输入后达到了一个自身发展的僵化期，这时来自外部的明确指导也许可以进一步促进习得。另外，这也可能是因为输入频次并不能保证所有学习者在语言发展过程中所必需的对语言的足够注意。

至于习得的最佳输入频次也是微变化研究的一个重点。在这里作者列出了每位受试词汇习得的最高值以及达到这个最高值时的最佳输入频次。这对于词汇习得教学有比较积极的借鉴作用。根据词汇习得的最佳输入频次，我们可以设计相应的教学方案，提供学生足够的输入，以帮助学生提高学习效率。

3.3 阅读理解和词汇习得之间的比较

上面汇报和讨论的是阅读理解和词汇习得在输入频次的影响下分别产生的变化。因为两者在实验过程中是互相影响、互相制约的，因此下面将重点比较两者之间的变化。我们首先看到是两者达到习得最高值时所需要的最佳输入频次 n_{opt} 值。

表 11. 四名受试的阅读理解和词汇习得的 n_{opt} 值

受试	W	X	Y	Z
U-n 曲线的 n_{opt} 值	2	5	3	3
V-n 曲线的 n_{opt} 值	4	≥6	≥6	4

从表 11 中我们可以很容易发现总体上 V-n 曲线的 n_{opt} 值要比 U-n 曲线的 n_{opt} 值要高，这意味着为了达到最佳词汇习得，受试需要比达到最佳阅读理解更高的输入频次。然而，上节中的表 6-9 显示，在第四次测试中所有受试对 10 个目标词的知识均达到第四层次，其中有的甚至达到第五层次，即最高层次。根据词汇知识量表，第五层次已经从接受性知识上升到产出性知识。这样，词汇知识量表中原先的五个词汇知识层次就分成了两个阶段：阶段 A（从第一层次到第四层次），代表接受性知识阶段；阶段 B（第五层次），代表产出性知识阶段，分别用变量 rv 和 pv 来表示，所有六次测试的总成绩用 RV 和 PV 来表示。值得注意的是本研究中的产出性知识并不包括单词的发音和拼写。

研究发现，词汇习得比阅读理解需要更多的输入频次才能达到发展的最佳状态。也许在阅读过程中，受试的注意力主要放在文章整体意义的理解上，对于单个的词汇，只要不影响整体理解，一般都不会太过注意。等有了足够量的输入后，或者说受试已经基本能够完成对文章的整体理解，他们才有可能去注意到词汇的注释。因为接受性词汇知识和产出性词汇知识的本质差别，因此作者将它们分开进行讨论，以期揭示出两者不同的发展轨迹。

根据数据分析部分提到的评分方法，四位受试在六次词汇测试中的接受性词汇知识总分（RV）、产出性词汇知识总分（PV）以及两项的和（V）经过统计和计算，由表 12 列出。

表 12. 四名受试的接受性和产出性词汇知识的总分

测试	受试 W			受试 X			受试 Y			受试 Z		
	RV	PV	V	RV	PV	V	RV	PV	V	RV	PV	V
1	24	6	30	20	0	20	14	0	14	26	6	32
2	29	15	44	25	3	28	19	0	19	30	12	42
3	30	21	51	27	6	33	23	0	23	30	18	48
4	30	27	57	30	9	39	30	6	36	30	30	60
5	30	27	57	30	12	42	30	9	39	30	30	60
6	30	27	57	30	18	48	30	15	45	30	30	60

根据表 12 的数据，笔者又绘制了 RV-n 曲线和 PV-n 曲线，详见图 6 和 7。

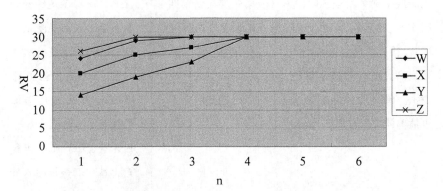

图 6. 四名受试的接受性词汇知识变化

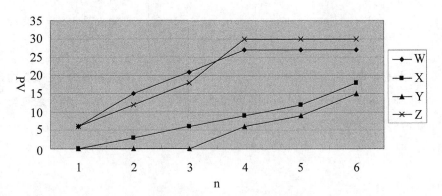

图 7. 四名受试的产出性词汇知识变化

从图 6 和 7 中可以看出，和 U-n 曲线以及 V-n 曲线一样，每位受试的 RV-n 曲线和 PV-n 曲线的 n_{opt} 值也有差异，也就是说，每位受试达到接受性词汇习得和产出性词汇习得的最佳状态有快有慢，需要的最佳输入频次有多有少。表 13 将受试达到阅读理解最高值的最佳输入频次和达到词汇习得（包括接受性词汇知识和产出性词汇知识）最高值的最佳输入频次（n_{opt} 值）做了总结和比较。

表 13. 四名受试的阅读理解以及接受性、产出性词汇知识的 n_{opt} 值

受试	W	X	Y	Z
U-n 曲线的 n_{opt} 值	2	5	3	3
V-n 曲线的 n_{opt} 值	4	≥6	≥6	4
RV-n 曲线的 n_{opt} 值	3	4	4	2
PV-n 曲线的 n_{opt} 值	4	≥6	≥6	4

表 13 表明，每名受试的 PV-n 曲线的 n_{opt} 值和 V-n 曲线的 n_{opt} 值是一致的，而 RV-n 曲线的 n_{opt} 值和 U-n 曲线的 n_{opt} 值非常接近。这说明，PV-n 曲线的 n_{opt} 值最终决定了 V-n 曲线的 n_{opt} 值，而 RV-n 曲线的 n_{opt} 值和 U-n 曲线的 n_{opt} 值也是密切相关的。因为 V-n 曲线的 n_{opt} 值要比 U-n 曲线的 n_{opt} 值高，所以 PV-n 曲线的 n_{opt} 值要比 U-n 曲线的 n_{opt} 值要高。

这些实验结果表明，受试对于目标词汇接受性知识的提高大体上同阅读理解的提高是同步的。在第三次测试中，受试 W 和 Z 对于目标词汇的接受性知识达到了 30 分的恒定分值（这也是接受性知识的最高分值），受试 X 和 Y 也在第四次测试时达到词汇接受性知识的最高分值 30 分。将四名受试的 U-n 曲线的 n_{opt} 值和 RV-n 曲线的 n_{opt} 值作比较会发现它们之间的差都是 1（见表

在比较阅读理解和词汇习得的进步时，作者在这里进一步将词汇知识分成接受性知识和产出性知识以区别这两种本质完全不同的词汇知识。作者的假设是两者的变化趋势和特点也应该是大相径庭的。从分析的结果看，两者的变化确实有着自身的特点。接受性词汇知识和阅读理解的进步比较一致，而产出性词汇知识和词汇习得的整体进步基本同步。这些结果说

13）。这意味着，受试的目标词汇知识达到最佳程度所需要的频次总是比达到最佳阅读理解程度所需要的频次多一次或者少一次。总体而言这个差异并不是很大。实验结果表明，受试的词汇发展总体上同阅读理解的提高是同步的，这结论部分验证了以前的发现，即对内容的理解和词汇习得是可以同时实现的。不过这里的词汇习得仅限于受试对于目标词汇的接受性知识。主要原因可能是因为对文章深层次的理解通常要求对文中单个词汇作更深层次的处理；同样，学习者对于单个词汇的注意也能够促进对于文章整体的理解，因为对于词语意义的深层处理通常会有助于对文章理解的加深。

相反的，由于学习者在理解文章时并不需要特别注意单个词汇语法的精确性，因此 PV-n 曲线中的 n_{opt} 值就比 U-n 曲线和 RV-n 曲线的 n_{opt} 值相对要高，也就是说，产出性词汇知识比阅读理解和接受性词汇知识达到最高值都要迟些。另外显而易见的是，产出阶段需要更多的努力，也因此需要更多相关的输入频次。因此，实验结果也验证了以前的相关研究的假设，即语言学习过程中存在着意义和形式对于注意力资源的竞争，这种竞争最终导致两者之间的互相协调和平衡。在本实验中，似乎是因为短期记忆的限制，受试的注意力资源非常有限。在阅读活动中他们必须协调分配注意力资源，最终的选择由任务要求和个人习惯所决定。我们可以得出这样一个结论，这同时也验证 Hulstijn（2002）的论断，即输入频次对接受性知识的影响要大于对产出性知识的影响，这可能导致这两种知识的分割。

明，在二语学习过程中，学习者的行为和表现在很大程度上受到注意力资源的约束。因为接受性词汇知识和阅读理解同属接受性知识范围，因此它们的发展可以基本同步。但是，产出性词汇的发展需要不同的知识体系，所以和阅读理解的进行会产生对于注意力资源的竞争和抢夺。而且产出性知识的发展需要更多的努力和注意力资源，因此，它的发展要相对滞后。

在分析了注意力资源对大部分受试学习过程的制约后，作者还把目光转向了一个比较特殊的个案，即受试Z。因为她的两项表现都非常完美，似乎不受注意力资源的影响。其中的原因是因为高水平者可以渐渐摆脱注意力资源的影响，更加游刃有余地将语言内容和形式结合另外值得一提的是受试 Z 在实验中的优异表现。从前面可以发现她在阅读理解和词汇测试中均取得最高分值。显然，她的英语水平要超过其他受试。根据 Kahneman 和 Wickens 的注意力控制模式（引自 Kormos，2000），高水平的学习者在语言学习过程中通常有富余的注意力空间可供使用。这也许可以解释为什么 Z 在阅读过程中能够更加得心应手地将意义与形式联系起来，从而同时在阅读理解和词汇习得中取得理想的成绩。

起来。这种整体趋势和个案分析相结合的分析方法值得我们学习和借鉴。

4. 结论和启示

4.1 主要发现

（1）实验显示输入频次对学习者的阅读理解提高有显著作用。随着输入频次的提高，尽管阅读理解测试的分数的上升并不稳定，时有波动，但是受试对于文章的理解程度却是稳步上升的。结果同样显示频次作用在学习过程的初期阶段表现得最为明显，随后这种作用逐渐减弱。

（2）输入频次的作用在二语学习者的词汇习得过程中同样表现明显。通过加大相关输入频次，学习者对于词汇的掌握从接受性知识到产出性知识步步提高。不过，输入频次对于接受性词汇知识的作用比产出性词汇知识的作用更为明显。

（3）二语学习者的整体词汇知识并不随着频次作用的影响和阅读理解同步提高，这也许是因为接受性词汇知识和产出性词汇知识的不同特质所致。就接受性词汇知识而言，它的进步同阅读理解基本是同步的。然而，就产出性词汇知识而言，它和信息内容存在着对注意力资源的竞争。

4.2 启示

本实验为输入频次对语言学习的影响提供了强有力的证据。实验发现二语学习者的接受性词汇知识在频次作用的影响下和阅读理解的进步是同步的，而产出性词汇知识则要落后于阅读理解的提高。本次实验的发现有助于我们更好地理解二语习得的过程。从本次实验中我们可以到一些理论和教学上的启示。

首先，本研究尝试阐明二语习得领域两个颇具争议的课题，它的理论启示主要如下：在某些情况下，输入频次在语言学习中发挥着不可忽视的作用。另一方面，频次作用对二语学习的影响是复杂的。学习者对高频次的输入非常敏感，而次数有限的输入不足以形成习得。不过，我们仍然不能据此说输入频次是语言习得的决定性因素。另外，在学习过程中二语学习者的注意力资源也是一个复杂的现象。有时学习者的注意力空间能容纳不同的学习活动同时发生，但在另外一些情形下，他们的注意力非常有限，这时学习活动互相牵制的情形就发生了。总之，二语习得是个非常复杂的过程，没有哪一个理论或结论可以解释语言学习过程中的所有现象。

至于教学上的启示，本次实验中得到的结果倾向于认同频次在语言习得中的作用。老师应当让学生充分利用和学习材料的多次接触来提高自己。如果有足够的输入频次，学习者能够表现得更好。不过这并不意味着输入频次是唯一需要强调的因素。语言教师也应该同时注重其他形式的指导和帮助，特别是当学习者达到一个僵化期，频繁的输入已不能保证成功的语言习得时。另外，由于阅读和词汇习得可以同时发生，教师作为任务的设计者应当通过适当的任务要求引导二语学习者在学习任务中注意意义和形式的联系以避免只注重信息内容。不过，为了获取更高水平的语言产出能力，学习者需要进行更多的读后词汇练习来促进更高层次的词汇习得。

4.3 不足之处

尽管研究者花了不少功夫来设计实验，但仍然不可避免地存在着不足之处，因此必须谨慎对待实验结果。

首先，在六次连续测试结束后才对四名受试进行了回溯性访谈，受试可能无法提供给研究者每次测试时的确切想法。

第二，由于微变化分析法的局限，受试必须高度投入，积极合作，所以受试的数量比较小。

4.4 未来研究的方向

　　作为在二语习得领域采用微变化分析法来研究频次作用的研究之一，本研究仅仅是尝试性的。研究者并不确定这个实验应当以怎样的周期进行，实验过程中又应当有多少个周期。这些开放性的问题需要其他研究者进一步探索。另外，这个研究仅仅观察了频次作用对中等水平英语学习者的影响。以后的研究可以考察频次作用对不同水平学习者学习的影响。同样，也可以考察在这种高度密集的实验过程中受试的情感因素对他们的成绩的影响。

本章小结

　　本章介绍的这个小型的实证研究是国内运用微变化研究法进行的为数不多的研究之一。该研究设计比较简单，但是拥有微变化研究的基本要素。通过对受试六次阅读理解和词汇习得的测试，研究考察了重复的输入频次在二语习得中的作用。该研究选择的观察周期基本恰当，因为我们可以从数据分析的结果看到，经过六次输入以后，受试的表现已经基本达到稳定状态，由此可以认定，该研究观察周期的选择比较合适，基本涵盖了变化的全部过程。但值得注意的是，该研究对于观察周期的选择没有经过事先的考证，我们设计自己的研究时应该注意避免这样的盲目性。研究的观察频率比较高，在连续三天的时间里，研究者对受试进行了六次高频的观察和行为记录，可以比较详细地把握到发生变化的一些细节。该研究的数据分析比较精细，采用了整体和个案相结合的分析方法，揭示出变化的总体趋势和个体变异性，帮助我们更全面地了解变化的本质。遗憾的是，该研究没能充分利用访谈对数据进行进一步的定性分析，这是我们在今后的研究中应该加以重视的。虽然该研究存在着一些不足，但因为它是国内运用微变化研究的较早的尝试，因此它的出现让我们欣喜地看到国内研究者对于微变化研究方法的研究兴趣和热情。对于初次接触微变化研究的读者来说，我们也可以从中掌握该研究方法的一些基本操作要领，为更好地运用该方法积累宝贵的经验。

第六章 国内微变化研究法
研究实例（二）

　　从前面的第五章起我们开始研读一些国内近年出现的运用微变化研究法所开展的研究。在上一章中，我们接触到了一个有关输入频次对于阅读理解和词汇习得影响的研究实例。在本章中，我们将要学习的同样是有关频次对二语学习影响的研究。所不同的是，本章介绍的这项研究的重点是输出频次（即文中的练习频率）对于口语的影响。和前一项研究一样，该研究体现了微变化研究的一些基本要素和理念，设计简洁合理，内容清晰明了。该研究是笔者博士论文的先导实验的研究成果，发表于《解放军外国语学院学报》2004年第5期。在收录到本书时，笔者进行了一定的修改，并且加上了一些分析和补充说明，以帮助读者更好地理解。

研究案例

练习次数对故事复述的影响
周丹丹

1. 引言

　　根据 Ellis（2002：178-9）的二语习得理论，频率（frequency）是语言习得的决定性因素。频率既是语言特征的分布规律，也包括个体接触语言的经历，后者即我们所说的练习频率(task frequency）或练习重复的次数(Harrington & Dennis，2002：261)。本文主要讨论练习频率在二语习得中的作用。Ellis（2002：144）认为，语言学习是在语言表征之间建立联系，而联系的加强在很大程度上依靠练习频率。Schmidt（1992：372）也指出，练习频率对语言技能的发展有促进作用，并把这种作用称之为"知识强化"（knowledge strengthening）。

　　但也有学者指出，练习频率只对某些语言技能的提高有帮助，其作用相当有限（Eubank & Gregg，2002：238）。例如，练习频率无法解释成人学习外语难以习得地道的语音语调的现象，也不能解释一些僵化了的语言错误(Hulstijn，2002：271)。

　　人们常说"Practice makes perfect"（熟能生巧），这似乎是人所共知的常识。但细细追究，我们就会发现其中有很多问题我们了解得并不十分清楚。以复述故事为例，何时为练习频率发挥的最佳点，练习是否越多越好，是否反复的强化练习始终都能带来口语的进步——我认为没有实证研究，就难以作出恰当的回答。即使凭借我们的常识，暂且认为练习对口语的进步有帮助，但是这种进步的路径是怎样的，是呈线形发展还是上下起伏；进步的速度又是怎样的，是平稳前进还是先快后慢，或是先慢后快，我们对这些问题都知之甚少，更谈不上有深入的研究。再者，口语能力本身就包含诸多方面，有内容方面的要求，也有流利性、准确性、复杂性等语言形式方面的要求，因此通过多次练习，这些方面的发展是否同步进行，发展的路径、速度是否一致，这些都值得我们去研究思考。本文正是为回答这些问题所作的初步探索。

2. 相关研究

二语习得领域有关练习频率的实证研究相对缺乏。Hieke（1981）设计了一种听、念练习法，研究了重复讲述对口语流利性的影响。经过训练，学习者的语速上有了明显的提升。

Maurice（1983）、Nation（1989）、Arevart 和 Nation（1991）研究了 4/3/2 重复练习法对口语的影响。练习者向不同的对象讲述一件内容相同的事，对第一个人用 4 分钟讲完，对第二个人用 3 分钟，对第三个人用 2 分钟。研究结果表明，数次重复同一材料内容可使练习者在流利性和准确性的表现超出平时所能达到的水平。

Gatbonton 和 Segalowitz（1988）则强调重复练习对语言处理自动化的作用。他们认为，提高口语水平，特别是流利性，关键在于重复练习。

在 Bygate（1996）的研究中，受试被要求复述一段故事并在三周后重复复述。结果显示，重复练习能使复述内容变得更充实、精确；在语言形式上，词汇运用变得更多样化，句法结构也更趋复杂。

Gass 等（2002）使用的也是故事复述的形式，通过重复复述相同或不同的故事，学习者们在口语整体水平、形态句法、词汇等方面都有了明显的进步。该项研究还证实，练习频率能使学习者熟悉练习内容，从而使注意力逐渐转移到控制语言形式上。

国内有关练习频率的研究几乎是空白。周爱洁（2002）也采用了 4/3/2 口语练习活动，考查该活动对口语水平的影响。结果显示，受试者在不断提高流利性的同时，口语的准确性也得到了改善，句法的复杂性也有增加。

练习频率在二语习得中的作用长期以来一直被忽视，因此相关研究较少，尤其是国内研究。而且相关研究主要揭示了频率对提高口语流利性的帮助，至于频率对口语表达的内容以及语言形式的准确性和复杂性有无帮助，则无深入研究。更重要的是，尚无研究对频率作用的复杂性有所探讨，即频率作用何时起作用，如何起作用以及练习频率引起的语言技能的发展变化过程，我们都不甚了解。鉴于此，笔者设计了本项研究，希望能对练习频率在二语口语中的作用有个深入、全面的分析。

3. 研究方法

3.1 关于微变化研究法

微变化研究法（microgenetic method）是近20年来认知心理学领域中兴起的一种研究方法。该研究法要求研究者在某个相对短的时间段内，高频度观察、记录受试者学习和掌握某个知识点或某项微技能的过程，并对数据进行定量、定性的精细分析（文秋芳，2003：312）。该方法能在较短的时间内较精确地描述认知能力发展变化的轨迹以及个体在发展过程中的变异性（variability）。本研究采用了微变化研究法，以期通过高密度的观察和精细的分析来考察练习频率给口语表达带来的变化。

3.2 研究问题

本项研究主要揭示练习频率对提高口语水平所起的作用，具体回答的问题包括：（1）练习频率对复述内容的影响表现在哪些方面？（2）练习频率对语言形式的影响体现在哪些方面？（3）练习频率对复述内容和形式上的影响有何不同？

3.3 研究对象

因微变化史研究法要求对受试逐个观察、逐点记录，耗时费力，因此受试的数量有限。再加上本项研究只是探索性的，因此只选取南京大学

在研究方法这部分，作者详细介绍了整个研究的设计。该研究主要也采用了微变化研究的设计，通过给予受试高频率的练习来观察重复练习给口语带来的影响和变化。该项研究是笔者博士论文的先导实验。作为先期准备，该实验的目的是为了给正式的研究提供一些借鉴和注意事项，所以只选取了一名学生作为研究对象。更重要的原因是，微变化研究通常要求受试多次重复学习任务，因此受试的学习积极性要高，整个实验过程中都要积极配合研究人员。因为微变化研究对于受试的要求较高，所以一般涉及到的受试人数不能过多。从研究人员的角度来讲，理想的

外国语学院英语系二年级一名女生作为受试。该受试 20 岁，英语口语水平中等。在整个研究过程中，她都情绪饱满，积极配合。

3.4 研究工具

本研究用于复述的故事来源于全国英语专业四级口试试题。该故事讲述了一位老人在退休后频受人为噪音的侵扰，因此他想出了一个绝妙的主意，最后制服了噪音的制造者——几个调皮的中学生，重新享受起平静安逸的退休生涯。复述的要求和四级口试一致：受试听两遍故事录音，期间可以记笔记，然后复述三分钟。笔者还在复述任务完成后对受试进行了访谈，要求受试谈谈每次复述遇到的困难和自己的进步以及对重复练习的感想。

3.5 数据收集

数据收集集中在连续的三天时间内。第一天让受试听两遍录音，然后复述故事两遍；第二天听一遍，复述两遍；第三天听一遍，复述两遍。也就是说，复述故事的任务在三天内重复了六遍。受试每次的复述都经录音后整理成书面文字，然后进行数据分析。

状态应该是对每位受试进行面对面、一对一的观察，任务结束后要立即进行访谈。如果受试人数过多，势必会影响到数据收集和分析的质量，因此微变化研究通常只采用个案分析的办法，注重个体的特征。从数据收集的过程来看，故事复述一共进行了六次，练习频率的选择显然是属于试探性的，其实这也是该项研究的目的之一，即发现口头复述故事的最佳频次，以便之后的正式研究在选择适当的频次方面有据可依。

4. 结果与讨论

4.1 练习频率对复述内容的影响

笔者首先把用于复述的故事划分为 50 个内容要点。如果受试能准确地复述出一个要点，得 1 分，否则不得分。受试在整个研究过程中的内容要点掌握情况见表 1。

表 1. 内容要点的得分

复述次数	1	2	3	4	5	6
内容要点	34	33	44	44	45	45

可以看出，受试在第三遍复述时，内容要点的增加有了突变，一下子增加了 11 点，以后虽然有小幅变化，但进步已不明显，趋于平缓。因为在做第三遍复述时，受试有机会再听了一遍录音，因此她注意到了前两次遗漏的内容，内容变得更加具体、丰富。正如受试在访谈中提到："我把没有听到的内容加了进去。前两次理解有问题的，这次注意听了。没听清楚的，也注意到了，加了一些具体的细节。"到第五遍时，虽然又有一次输入的增加，但受试对内容的掌握已经基本发挥到她自己水平的极限，因此练习就不再起那么大的作用了。

在结果和讨论时，作者首先汇报了练习频次对于故事复述内容的影响。作者不仅使用了表格把每次内容要点的得分呈现了出来，而且将变化的趋势用语言进行了描述。更值得我们注意的是，作者利用了访谈的结果，对变化的原因进行了解释。

下面举几个例子来具体说明复述内容是如何随着练习频率的增加而变化的，请见表 2。

表 2. 复述内容的变化

内容要点	复述 1	复述 2	复述 3	复述 4	复述 5	复述 6
1. Three young boys, full of youth	The three young boy	He saw three young boy	Three young boy	Three young boys	Three young boys, full of youth	Three young boys, full of youth
2. I like to see you express your passions like that.	How can you express your passion like that?	You can express your passion like that.	I, I like to see you express your passion like that.	I like to see you express your passion like that.	I like to see you express your passion like that.	I like to see you express your passion like that.
3. If you promise to come around every day	0	0	If you promise to come every day	If you come, if you promise to come every day	If you promise to come every day	If you promise to came, to come every day
4. Beating these cans around for a quarter	And do this, er, job	To beating these cans	Beating these can, cans for a quarter	Beating these cans for just a quarter	Beating these trashcans for just a quarter	Beating these trashcans for just a quarter

　　表中的例子说明受试经过重复练习，不仅增加了开始遗漏的细节，如例 1 对三个男孩的描述和例 3 整个内容要点，也纠正了理解有偏差的地方，如例 2。用受试自己的话说："我一开始搞不清楚他（老人）喜欢还是不喜欢他们（学生）这样，后来才明白他的意思。"所以，一开始她用了和原文意思相反的句子，含有责备的意思。第

在具体说明练习频次对于复述内容的帮助时，作者不仅在前面用了数据来进行说明，而且在这里举了非常形象的例子来把抽象的数字具体化。对于内容的进步，

二遍复述时，句子的意思变得有些模棱两可，说话者的意图不明确。直到第三遍时，受试才表达出原文的意思，原来老人说他喜欢年轻人这样释放激情，虽然这只是他的策略而已。除了以上两种情况，还有一种情况，就是通过重复讲述受试能把信息更具体化。如例4，第一遍复述时，她用了非常笼统的表达方式，具体做什么工作，她没讲。到第二遍复述时，受试才把内容具体化。随着练习频率的增加，内容越来越具体，最终达到与原文一致。

作者还进一步利用例子进行了分类说明，因为这些内容的进步从本质上来讲是完全不同的。值得我们学习的是，作者在这里使用了定性分析的方法，把所有变化的细节和本质都一一揭示了出来。

4.2 练习频率对语言形式的影响

本研究中，对于语言形式的分析参照 Foster 和 Skehan（1996）的分类，即从流利性、准确性和复杂性三个维度来衡量语言形式的变化。下面本文将分别讨论频率作用对语言形式这三个方面的影响。

4.2.1 流利性的变化

本研究主要采用语速、"er、em"停顿以及简单重复（repetition）作为考查流利性的指标。数据分析显示，通过重复练习，受试在复述故事时，流利性有了明显进步，详见表3。

表 3. 流利性的变化

复述次数	1	2	3	4	5	6
语速（字／分钟）	120	119	127	124	118	127
"er、em"停顿（次）	25	20	10	5	5	5
简单重复（次）	12	4	9	4	9	4

表 3 显示，流利性总体变化呈上升趋势，但是中间变化有曲折反复。语速在第三遍复述时，已达到最高值，但第四、五遍时，语速反而递减，到第六遍时，才又有上升。"er、em"停顿一直在递减，到第四遍时，变化开始持平。这说明由于对内容的熟悉，受试不再过多地使用停顿来考虑后面如何说，因此流利性有所提高。简单重复的变化大致呈波浪形，波峰和每次输入的增加吻合，这也许可以用来说明注意力资源分配在语言内容和形式方面的竞争。在接收新的输入时，注意力可能更侧重于内容方面，因此受试频繁使用重复这种交际策略来赢得时间，考虑如何表达新接收到的输入，流利度势必会受到影响。

在汇报语言流利性的时候，作者同样先汇报定量分析的结果。语速的六次数据统计能够让我们比较清楚地看到流利度的变化。但是这种变化不是呈直线上升的趋势，中间的反复曲折变化需要我们去深究其中的原因。作者对此也作了比较合理的解释。

下面两个例子能更清楚地说明受试在重复复述时流利性的变化。

（1）原文：(The boys) continued their afternoon job.

复述 1：So the noise continued, er, in, …in the following days.

复述 2：And the, the noise continued day after day.

复述 3：…and continue to do their afternoon job.

复述 4：…and continue to their, do their, er, continue to do their afternoon job.

复述 5：…and continued do, continued to do his, their afternoon jobs.

复述 6：…and continued to do their afternoon jobs.

（2）原文：…the old man greeted the kids again,…

复述 1：…and the, the, the old man met the young boy again,…

复述 2：…er, the…the old man met the young boy again,…

复述 3：…the, er, the old man met the young boys again,…

复述 4：…the, the old man met the young boy again,…

复述 5：...the, the old man meet the young, em, greet, greet the young boys
　　　　again,...

复述 6：...the old man greet the boys again,...

从以上两个例子可以看出，在前几遍复述时，由于对内容的不熟悉或不确
定，受试用了较多的停顿和重复来考虑后面如何说。随着复述频率的增加，内
容变得越来越熟悉，因此最后的第六遍复述非常流利，没有任何停顿和重复，
充分说明了频次对于流利度的帮助。

4.2.2　准确性的变化

对于准确性的衡量，本研究使用了"无错误 T- 单位与全部 T- 单位之比"
(Error-free T-units/T-units) 这一指标，表 4 是受试在准确性指标方面所得的原
始分数。

表 4. 准确性的变化

复述次数	1	2	3	4	5	6
准确性 (%)	42.86	43.31	53.14	48.43	51.68	57.13

表 4 说明，受试后几次复述的准确性总体上高于前几次，最后一次达到最高值，其中的变化也有反复：第三次达到一个较高值后，略有回落，再有上升至最高点。为了具体说明练习频率对口语准确性的影响，笔者进一步把受试在复述过程中犯的错误分成语法、词汇和语音三大类，并分别统计了各类错误在频率影响下的变化，结果由表 5 列出。

在说明准确性的变化时，作者首先用数字列出了逐步上升的变化整体趋势和回旋反复的复杂性。但是，仅有这些数字是不够的，作者在下面又对每类错误进行了具体分析。

表 5. 各类错误统计

复述次数		1	2	3	4	5	6
语法错误	时态（过去时）	6	5	11	7	6	7
	定冠词	3	2	3	1	1	1
	复数	7	4	7	6	4	2
	词性	2	3	2	2	2	2
	其他	0	2	1	2	2	1
词汇错误		1	2	3	3	2	2
语音错误		5	5	2	5	4	2
总　　数		24	23	29	26	21	17

　　从表5可以看出，复述第三遍时，受试犯的错误总数最多，因为第三遍时，受试的主要注意力放在了复述的内容上，所以在内容方面有了突飞猛进的变化，要点共增加了11点（见表1），而语言的准确性却因此打了折扣。随着练习频率的增加，受试对内容的掌握越来越有把握，因此部分注意力资源开始转移到语言形式上，准确性有所提高。另外，表5还告诉我们，练习频率并不能纠正所有的错误。例如，过去时的错误并不受频率影响，但是定冠词、复数的使用情况，会因频率的增加而有所改善，因为相比较而言，学习者更容易通过多次重复把后两者的使用借用过来。另外，按 Hulstijn（2002：271）的解释，有些语言形式的错误不受频率作用的影响，是因为母语中没有该语言形式或者该语言形式不具备语义功能。过去时的情况正好符合 Hulstijn 的设想。

　　在前面汇报了准确性整体进步的前提下，作者在文章的这部分进一步分析了各类错误在频率影响下的变化情况。整体趋势往往会掩盖一些个体差异，只有通过微变化方法对个体逐个分析，才能揭示出变化的真相。从研究结果看，某些错误随着频次的增加逐渐减少，而另外一些错误则正好相反。在准确性总体进步的前提下，这些错误似乎并没有因为频次的影响而有所减少，有时甚至还出现增加的现象。可见，错误的类型和本质不同，它们受频次作用的影响也有差异。所以，我们应该通过细致的分析，来揭示变化的多元性。

4.2.3 复杂性的变化

本研究对口语复杂性的考查包括句法和词汇两部分，其中句法的复杂性由"子句和 T- 单位之比"（clauses/T-units）测出，结果见表 6。

表 6. 句法复杂性的变化

复述次数	1	2	3	4	5	6
句法复杂性	1.14	1.17	1.19	1.19	1.24	1.21

总的说来，句法复杂性缓慢、平稳增加，但变化并不显著。通过对比六次复述的定性分析，笔者发现句法向两个方向变化发展。一方面，有些句子的表达更简练，例如原文中有一句子：A wise old gentleman retired and purchased a modest home. 从第一遍到第四遍复述，受试都使用了复合句，包括两个并列从句，中间以连词 "and" 连接：A wise and old gentleman retired and he had (got) a modesty house. 到第五遍时，复合句变成了简单句：A wise old gentleman retired and purchased a modesty home. 因为第一遍到第四遍复述所使用的复合句中的两个从句共用一个主语，因此可合并为一个单句，句子因此也显得更加简练。

另一方面，句法的变化体现在有些句子变得更加复杂。例如原文有一复杂句：The crashing noise continued day after day, until finally the wise old man decided it was time to take some action. 第一遍复述时，受试用了一个并列复合句来表达这一内容：And the noise continue day after day, and the, the, the, old man finally decide to take, take action. 第二遍时，复合句被拆成了两个简单句，句子间的关系不明确：

在数字显示句法复杂性变化不明显的情况下，作者利用定性分析的方法具体揭示了变化的真实情况。原来不是没有变化，而是变化向着两个相反的方向进行。这两种相反方向的变化互相抵消，因此表面上看就没有什么明显的变化了。作者使用两个具体的例子说明了句子结构的变化。在练习频率的影响下，句子结构有的变得更加复杂，有的更加简单。但是相同的是，句子的结构和原文更加接近，也更加地道。这就是练习频次给句子结构带来的积极影响。受试把这些本来不熟悉的、不属于自己

And the noise continue day after day. Er, finally the old man decide to take action。直到第三遍以后，受试把两个简单句合成一个主从复杂句，又增加了一个宾语从句：The crashing noise continue day after day, until finally the wise old man decide that it was time to take some action。整个句子不仅信息含量高，而且紧凑、地道，各分句间的关系也非常清楚。以上分析说明，在重复练习的过程中，句子结构向两个截然不同的方向发展，因此整体而言，句法复杂性方面的提高并不明显。

除句法复杂性外，本研究还分析了练习频率对词汇发展的影响。词汇的多样性由"类型/标记比率"（Type/Token Ratio）衡量，通过"WordSmith"软件统计得出，结果参照表7。

表 7. 词汇的变化

复述次数	1	2	3	4	5	6
词汇多样性（%）	35.52	36.27	38.33	37.84	38.64	38.98

表7说明，词汇多样性也随着练习频率的增加而上升，但是中间有波动。前三次的变化迅速、明显，以后的进步并不显著。通过仔细分析数据，可以发现受试越来越多地使用一些低频词，词汇有了更多的变化。比如，她在表达"购买（房子）"这个意思时，首先使用了一个非常笼统的词"had"，然后换成了购买的上义词"got"，直到第五遍时，受试才使用了最贴切且较少用的"purchased"这个词。又如受试在表达"说"这个意思时，开始都用了最常见的"said"，后来慢慢

的语言现象逐步内化，变成自己能够掌握并且使用的语言。

在汇报词汇使用的变化时，文章的重点同样不是抽象的、笼统的数字概念。作者运用了较多的典型例子，具体而形象地说明了变化的情况。作为读者，我们只有接触到了这些真切、实在的语言范例以后，才能真正体会到作者所

138

呈现多样化，复述中出现了"told"、"exclaimed"等词。此外，为了让表达更加传神、具体，受试增加了一些描述性的形容词或副词。如开始复述时，"the noise"（噪音）前面并没有修饰词，到第三遍时，受试在"noise"前加上了"crashing"，描述更加生动。同样，如在"displeased"（不高兴）前面加上"obviously"等例子，都说明受试在词汇的运用方面有了明显的进步。

要表达的意思，也才能看清楚研究对象的点滴进步。

4.3 语言内容和形式变化的对比

根据 VanPatten（1996：47）的理论，人类的注意力资源是有限的，在信息处理过程中，语言内容和形式往往为了赢得注意力互相竞争。要想习得语言，学习者必须注意语言形式。Skehan（1998：119）也指出，学习者的语言学习能力要得到实质性发展，对语言形式的注意非常重要。对学习任务的熟悉能使学习者把注意力从内容转移到形式上，其中最简单的方法就是重复练习以增加任务熟悉程度。Bygate（1996）和 Gass 等（1999）的研究也都证实这点。本项研究的结果在一定程度上支持了以上学者们的观点，证明练习频率确实对注意力的转移起了积极作用。

对比前面列表有关复述内容和形式各方面的变化，总体而言，复述内容的变化比语言形式的变化更迅速而且幅度大。内容在第三遍时就已经有一个突变，而后变化趋于平稳。可以说，复述故事时，在一开始不熟悉内容的情况下，受试的注意力首先侧重于内容，因此内容有较快也较大

论文前面就内容和语言形式的变化分别作了描述和说明，这个部分主要对比了这两者变化的异同。通过对比，研究发现，内容的变化较语言的变化更加明显、快速。因为人类的注意力资源有限，而且内容一般较多、较早地赢得注意，所以语言形式的变化要相对缓慢一些。只有经过微变化研究的细致分析和对比，才能透过现象找出变化的根源。也只有通过对比，才能更加清楚地揭示出语言发展不同方面的各

的变化。相对而言，形式的变化较慢也较平缓，这说明只有当受试熟悉内容后，注意力才慢慢转移到语言形式上，因此流利性、准确性和复杂性也逐渐进步，最终能在语言的内容和形式上达到较完美的平衡。

值得注意的是，在复述第三遍时，绝大多数指标都已达到一个峰值，然后经回落后再稍有上升。而且即使有上升，后面的进步也非常小，基本上处于平稳状态。因此可以说，第三遍是练习频率发挥的最佳点，因为随后的练习不仅没能使口语有进步，反而有退步。即使后面有缓慢进步，比起前面三次的变化，速度和幅度都要小得多。这说明，练习频率并非越多越好。当学生的水平发挥到极致后，再多的重复练习也不起作用了。

自特点。

对于最佳频次的讨论也是微变化研究的一个重点。从本项研究的结果来看，第三次复述是口语能力发展的最佳点。这个结果不仅说明了频次作用的复杂性和多元性，而且从实践的角度也可以帮助教师和学生在平时进行口语练习时能够做到有的放矢。

5. 结语

本项研究主要得出的结论包括：（1）练习频率对口语复述在语言内容和形式方面都有一定促进作用，但进步并不呈单一的线形发展，期间的变化过程曲折反复，而且频率只对口语某些方面的进步产生影响；（2）练习频率对内容和形式的影响不尽相同。经过多次重复，注意力逐渐从内容转移到形式上，对语言学习有一定帮助。

本研究不仅丰富了二语习得领域对频率作用的研究，而且对英语教学有巨大的启示作用。长久以来，我们对练习频率重视不够，想当然地认为教师教过一遍，学生就应该学会，或者在设计练习时，没有给学生足够的机会，造成资源浪费，学生的潜能也没有得到充分发挥。根据本项研究结果，频率在语言学习中所起的作用并非如常识告诉我们的那么简单，"熟能生巧"并不完全正确。练习频率只能对某些语言技能的发展起作用，例如口语表达的流利性和复杂性；对另一些技能的进步则无能为力，比如说过去时使用的准确性。不仅如此，本研究还显示，练习频率并非越高越好，当达到某一最佳点后，口语表达反而退步。因此，在教学中，我们应该找出练习频率和学生能动性的最佳结合点，既发挥出学生的潜能，又不至于使学生疲于重复练习而失去学习的兴趣和动力。总而言之，在外语教学中，我们应该充分认识到频率作用的复杂性，设计有效的练习方法，用足学习材料，发挥学生潜能，使学习者能真正掌握所学的知识、技能。

因为本项研究只是尝试性的探索，而且研究对象又少，所以结论有待进一步论证。

本章小结

本研究采用微变化研究法，通过多次重复练习增加练习频率（频次）的设计，分析和考察了练习频率，即重复练习的次数对口语故事复述的影响。论文具体分析了由重复练习而导致复述在内容和形式方面的多种不同变化，证明了频率对二语学习影响的多维性和复杂性，并且讨论了频率在利用有限注意力资源中所起的积极作用。

研究采用个案分析，只选取了一名学生作为研究对象。虽然研究对象少，但这并不违背微变化研究所倡导的理念。相反，揭示个体变异性是微变化研究的特征之一。因此，研究对象的数量少并不代表研究质量的低下，反而使细致的定性分析成为可能。

研究数据的收集采用高度密集的重复练习的方式，时间跨度短，练习强度大，避免了一些潜在外部因素的干扰。练习频次的选择属于试探性的，并没有事先经过论证，只是为以后的研究提供参考意见。

数据分析细致、精准。对于受试每次练习的表现进行了详细的定量和定性的分析。不仅用数字概括了口语各个方面的变化趋势，而且使用了具体的例子来说明变化发生的过程。这些具体例子的使用非常有效，让读者对抽象的数字有了更加感性的认识，加深了对变化实质的理解。

　　总体而言，本研究较好地运用了微变化设计的原理，设计简单明了、科学合理，有效地回答了研究问题。数据收集和分析也遵循了微变化研究的原则，数据翔实，分析仔细。本研究为利用微变化方法进行口语研究开了先河，今后相同方向的研究可以考虑加入更多的变量，使研究在广度和深度上有所突破。

第七章 国内微变化研究法
研究实例（三）

　　我们在前两章中分别接触了两个运用微变化研究法进行的实证研究，其中第一个研究探讨了输入频次对于阅读理解和词汇习得的影响，第二个研究考察了输出频次对于口语的影响。这两项研究都是比较典型的微变化研究案例，由于它们的设计比较简单，对于初次接触微变化研究方法的读者来说，比较容易接受，所以我们从这两个研究开始介绍我们国内的相关研究。本章中，我们将要介绍的这项研究同时以输入和输出频次的影响为研究重点，揭示了它们对于口语的不同影响。这项研究较前两项研究更加复杂些，在频率研究的基础上加上了另外两个变量的比较，即输入和输出的对比，使研究无论在理论意义上，还是在实践指导上，都增加了广度和深度。

　　论文是笔者博士论文的主体，发表于《现代外语》2006 年第 2 期。本书在收录过程中进行了部分改写，并且加上了笔者的点评，希望通过这个研究实例的研读，读者能够更好地掌握微变化研究的精髓。

输入与输出的频率效应研究
周丹丹

1. 研究背景

过去几十年里，随着乔姆斯基"语言学习先天论"的兴起和垄断，行为主义心理学逐渐淡出语言习得领域，与此相关的强调频率 (frequency) 以及练习在语言学习中作用的学习理论也相继被人们淡忘。但是近年来，许多新兴学科的研究结果都反对乔氏的"先天论"，而提出频率在语言学习中的重要性。N. Ellis (2002) 更认为，频率是语言学习的决定性因素，在语言习得理论中占有不可替代的重要地位。

N. Ellis (2002) 提出，语言知识的熟练运用并不依靠抽象的语法规则，而是基于大脑对于以往接触过的大量语言范例的记忆。语言规律性就是从记忆库里互相联系着的成千上万个范例中抽象提取出来的中心趋势。语言学习是联想学习 (associative learning)。语言学习的完成需要语言学习者在反复出现的语言材料之间建立联想，并不断强化这些联想。随着频率的增加，同时出现的语言单位之间的联系不断加强和积累，因此易于习得。而且频率能帮助学习者认识语言输入的规律性，从而提取可能的语言学习模式。语言规则正是源于学习者对于语言输入频率分布特征的长期分析。只有通过这样的分析，才能学会语言。

总而言之，人类语言学习以频率为中心。"频率是语言习得的关键，因为语言规则来源于学习者终身对于语言输入分布特点的分析"（N. Ellis，2002：144）。频率作用涉及语言加工和学习的方方面面，人们对不同层次语言现象的处理与加工都依赖于频率知识。

虽然 N. Ellis 提出的基于频率的二语习得观使我们重新重视频率在语言学习中的作用，但是国内外二语习得领域的专家和学者对此观点还存在着很大争议。不可否认，频率能对二语习得产生影响，但是对 N. Ellis 提出的"频率是语言习得的决定性因素"这一假设，大部分国外学者持保留态度（如 Eubank & Gregg，2002；Gass & Mackey，2002；Harrington & Dennis，2002；Larsen-

Freeman，2002）。他们指出，二语习得过程非常复杂，受到多种内外因素的影响，因此简单地断言频率是二语习得的关键因素未免有失偏颇。

国内近年有关频率作用的论文（文秋芳，2003；李红，2004；罗瑜，2005）也对 N. Ellis 主张的基于频率的二语习得观进行了讨论，在承认频率的重要作用的前提下，同时提出了一些质疑。例如文秋芳（2003）认为，频率只是语言输入所需具备的诸多特征之一，其他如输入强度、突出性、时间分布等因素也决定着学习效果。而且，N. Ellis 把语言学习纯粹看成范例学习也过于偏激。规则学习和范例学习两者在语言学习过程中缺一不可，缺了任何一种，语言学习都不可能达到理想状态。只有把两者有机结合起来，二语学习才能获得成功。李红（2004）、罗瑜（2005）也从认知科学和心理语言学的角度，提出了 N. Ellis 的频率理论中存在的问题。她们认为，二语学习的成功不单单依靠基于频率作用的内隐学习，也应该有外显学习的促进。同时，二语学习也要考虑母语迁移、注意力等诸多其他因素的影响。

以上这些针锋相对的观点充分说明了频率作用的复杂性。遗憾的是，这些讨论都是基于理论的阐述，而没有相应的实证研究结果来证明。要对频率作用在二语习得过程中的作用做出客观、全面的评价，没有一定的实证研究恐怕难以完成。但是由于"先天论"的垄断，频率作用在过去较长一段时间内一直被忽视，因此该领域的相关研究较少，尤其是国内以中国大学生为研究对象的研究更是寥寥无几。鉴于此，本研究以频率在二语学习中的作用为出发点，着重研究中国大学生英语口语表达能力在频率作用影响下的发展和变化，以揭示频率作用的复杂性和规律性。

频率既可以指语言特征的分布规律，也可以是个体接触语言的经历（Harrington & Dennis，2002：261）。本研究中的频率仅限于后者，主要指重复接触和练习语言材料的次数。

2. 相关研究综述

国外对于频率作用的研究起步较早，研究范围涉及二语听、说、读、写、词汇习得等各项技能。因为本研究主要关注频率作用对口语表达的影响，所以本文只对探讨频率与口语关系的相关研究做简要回顾。

所有这些研究中，相当一部分只注重频率对口语表达流利性的影响。例如，Arevart 和 Nation（1991）、Nation（1989）设计了一种 4/3/2 重复口语练习方法。练习者向三个不同的对象分别讲述一件内容相同的事情，每次讲述时间从 4 分钟减到 3 分钟，再减到 2 分钟。研究结果表明，数次重复同一练习材料可以使练习者在口语流利性方面的表现超出平时水平。

也有部分研究考察了除流利性以外的其他口语指标。在 Bygate（1996）的个案研究中，受试被要求复述一段故事并在 3 天后再次复述。结果显示，经过重复复述，语言形式的各项指标都有相应变化。不仅流利性有明显进步，语言准确性也大大提高，词汇运用更加多样化，句法结构也更趋复杂。

Bygate（1999）的研究扩大了样本，参加的学生共有 32 名，分成两组。在前测试中，所有学生完成复述和对话两项任务。接下来的 10 周时间里，一组学生练习复述，另一组练习对话。后测试中，所有的学生完成三项任务：(1) 10 周前的同样任务；(2) 10 周内练习的任务类型，但是具体内容不同；(3) 10 周内没有练习的任务类型。通过比较前测试和后测试的结果，研究发现，10 周的练习并没有对学生的口语有明显帮助。相反，重复 10 周前的同样任务能帮助学习者在口语的流利性、准确性、复杂性等各项指标上取得显著进步。

Gass 等（1999）使用的也是故事复述的形式，通过在大约两周时间内三次重复复述相同或不同的故事，学习者在口语整体水平、准确性、句法和词汇等方面都有了较大的进步。该研究还证实，练习频率的增加能使学习者熟悉练习内容，从而使注意力逐渐转移到控制语言形式上。

国内相关研究相对缺乏。周爱洁（2002）采用 4/3/2 口语练习活动考察重复练习对口语水平的影响。结果显示，受试者在不断提高流利性的同时，口语的准确性也得到了改善。

周丹丹（2004）让一名受试在连续的 3 天时间内重复复述同一故事 6 遍。研究表明，重复练习对故事复述在内容和语言形式方面都有一定促进作用，但是进步并不呈单一的线形发展，其间的变化曲折反复，而且频率作用对内容和形式的影响也不尽相同。

　　不难看出，以上这些研究至少存在着以下不足之处。首先，以往研究对于频率作用的分析过于简单化。通常练习频率对语言学习的影响通过对比练习前和练习后的变化来判断学习是否有进步，至于每次练习带来的细微变化和进步，则没有详细的报告，更谈不上对于变化路径、速度、原因等方面的分析。频率对语言学习的影响应该是一个非常复杂的过程，路径有曲折，速度也有快慢，因此要揭示出频率作用的复杂性，需要更深入细致的分析。

　　其次，这些研究（除周丹丹，2004）主要揭示了频率对提高口语语言形式的帮助，至于频率对口语表达的内容有无帮助，则无详细探讨。根据心理学有关语言信息处理的理论（如 Carroll，1999；VanPatten，1996），人类的注意力资源相当有限，特别是在处理二语信息过程中，内容和形式往往为了赢得注意力而互相竞争。一般情况下，学习者的注意力首先放在内容上，而形式却常常被忽略。可见，内容和形式互相影响，互相制约，缺了任何一方面，都无法了解二语学习的全过程。因此，完全有必要将两者联系起来考虑。

　　最后，以往研究混淆了输入频率和输出频率之分。这些研究都是让受试听或看故事后然后再复述，在重复练习的过程中，受试有机会再重听或看原来的故事然后再复述。虽然研究结果表明经过重复练习后，学习者的口语表达有相应进步，但是导致这些进步的原因却无法确定。究竟是重复听还是重复说引起这些变化，或是两者同时起作用而引起不同方面的变化，这些问题由于输入和输出的混淆不得而知，所以应该严格区分输入频率和输出频率，分别考察它们在二语学习过程中的作用。事实上，已经有学者指出 N. Ellis（2002）有关频率作用的理论混淆了输入和输出频率。Larsen-Freeman（2002）就强调输入和输出频率不能混为一谈，因为输入频率不能直接转换为语言的输出。Gass & Mackey（2002）也认为输入和输出频率在语言学习中同样重要。输入频率能帮助学习者加强对语言分布特点的分析，认识语言输入的规律；而输出频率能提供练习机会，巩固所学知识。基于这些观点，本研究对输入频率和输出频率作了区分，以揭示两者在口语发展中的不同作用。输入频率主要指学习者重复接触语言学习材料的次数，而输出频率是重复产出语言的次数。在本研究中，前者指重复听故事的次数，后者则指重复复述故事的次数。

3. 研究设计

3.1 研究问题

本研究主要探讨频率对口语表达的影响，并进一步将频率分成输入频率和输出频率，考察两者引起的口语表达在内容和语言形式诸方面的发展变化规律。具体说来，研究主要围绕以下两大问题：(1) 随着输入频率和输出频率的分别增加，口语表达有何变化？ (2) 输入频率和输出频率对口语的影响有何不同？

和我们前面接触到的微变化研究一样，本研究以频率作用为研究重点。和它们不同的是，本研究将频率再细划为输入和输出频率，将频率研究和二语习得领域两个重要的概念"输入"和"输出"结合在一起，使得研究更具深度。

3.2 研究对象

本研究的研究对象为 16 名英语专业二年级女生，来自同一所高校，英语口语水平中等。为确保她们的口语水平没有差别，在研究进行前，她们和其他 38 名同学一起参加了正规的故事复述考试。根据考试结果，16 名受试正式确定，并被随机平均分成 4 组，每组 4 人。受试全是二年级学生，在实验进行时，她们即将参加全国英语专业四级口试，因此她们参加实验的积极性很高，把实验看成是练习口语、熟悉题型的好机会。

和其他微变化研究一样，本研究涉及的研究对象数量也非常有限，原因是微变化研究需要对研究对象的表现单个记录，逐个分析，所以大规模的数据收集难度较大，一般不太可能，也不提倡。另一点值得注意的是，微变化研究对于研究对象的要求较高，受试必须非常配合而且不厌其烦地完成所有的任务重复。我们在选择研究对象时要充分考虑到他们的主观能动性。

3.3 研究工具

本研究采用的故事来自2002年全国英语专业四级口试的第一部分。故事讲述的是Mr. Smith 经常光顾一家令他非常满意的酒店,但是这次的经历却颇有些出乎意料。全文共355字,由英语国家人士朗读并录制于磁带。在听故事的过程中,受试可以记笔记;说的时候,可以参考笔记,复述没有时间限制。

本研究中研究工具的选择也是别具匠心,它将输入和输出巧妙地结合在一起。复述故事既要求原文的输入,也要求研究对象口语的输出,使得在同一实验中对比输入和输出频率的作用变得可能。

3.4 数据收集

数据收集集中在一个下午。四组学生分别于不同的时间段到语言实验室进行录音。第一组同学听故事1遍后,连续复述4遍;第二、三、四组同学分别听故事2、3、4遍后,复述1遍。所有复述经录音后整理成书面文字,然后进行数据分析。她们事先并不知道可以听或者复述故事几遍。

实验结束后,研究人员立即分别对每位受试进行了面对面的个人访谈。

因为本研究的目的在于对比输入和输出频次的异同,所以对研究对象进行了分组,分别给予不同的输入和输出频次。第一组听故事1遍,复述4遍。她们接受的输入频次为1,输出频次为4,依此类推。至于把最高频次定为4次,也是有据可依的。本书第六章中的小型研究其实是本研究的先导实验。根据该研究发现,通过3次练习,口语达到发展的最高值和基本稳定状态。因此,本研究把练习的最高频次设定为4次,以保证能够观察到所有可能发生的变化。

3.5 数据分析

数据分析包括对每篇故事复述的内容和语言形式两大方面的分析。内容指受试能准确回忆起的原文内容要点（idea units）。笔者把用于复述的故事按照 Kroll（1977）对内容要点的定义划分为 54 点。如果学生能准确地复述出一个要点，得 1 分；如果只能部分复述出一个要点，得 0.5 分；如果表达的意思完全不对，不得分。

本研究将语言形式进一步区分为流利性、准确性和复杂性（Skehan, 1996）。流利性的测量采用语速这一指标，具体表示为一个语言样本的音节总数（剔除后）和产出该样本所需的（包括停顿在内）时间总量（秒）之比，并将结果乘以 60，表示每分钟发出的音节数。剔除的对象为无助于理解言语意义的成分，包括被更改（repair）、重复（repetition）的词组、单词和音节以及有填充的停顿（filled pauses）（Ortega, 1999）。对于准确性的衡量，本研究使用了"无错误子句与全部子句之比"（Error-free clauses/clauses）。错误主要包括语法、词汇和语音错误三大类。对复杂性的考察包括句法和词汇两部分，其中句法复杂性由"子句和 T 单位之比"（clauses/T-units）衡量，而词汇多样性则由"类符 / 形符比率"（Type-token ratio）测出。

每篇复述经过内容和语言两方面的分析后进行进一步的比较，以考察输入频率和输出频率的作用。通过对第一组连续 4 次故事复述的比较，可以看出输出频率对口语的影响，而四组复述的对比可以揭示出输入频率的影响。

为了能够捕捉到口语能力的细微变化，我们要慎重选择有关语言能力的量化指标。如果选择的指标不够敏感的话，那么一些变化可能就会被忽略掉。比如说，对于复述内容的变化，研究选择了内容要点这一指标，而且采用的操作定义比较具体细致，因此根据这个定义所划分的要点数量比较多，换言之，每一点的信息量不大，每一点上只要有一点点细小的变化，我们都可以清晰地看到并且用数字表现出来。同样，内容要点的计分也应该尽量做到细化，研究中将计分精确到小数点后一位，也保证了对于变化的敏感性。其他衡量语言形式的各项指标的选择也遵循同样的原则，以保证对于细微变化的敏感性。

4. 结果与讨论

研究结果显示，频率对口语的进步有着积极的促进作用。在频率作用的影响下，故事复述的内容以及口语表达的流利性、准确性和复杂性均有不同程度的变化。但是，输入频率和输出频率对口语的帮助不尽相同，下面将分别报告两者对口语的不同影响。

4.1 输入频率的影响

输入频率对故事复述的影响通过各组之间的对比得出。因为每组受试听故事的次数不同，所以她们随后的复述可以看成是不同输入频率的作用。由输入频率引起的故事复述在内容和语言形式上的变化详见表1。

表1. 输入频率对故事复述的影响

变量		输入1	输入2	输入3	输入4	卡方	显著性
内容要点		26.88	32.25	33	40	10.47	.015
流利性		121.83	132.43	142.54	135.71	9.82	.020
准确性（%）		56.76	50.62	50.46	49.87	3.46	.326
复杂性	句法	1.36	1.44	1.37	1.38	.77	.858
	词汇（%）	39.56	41.46	44.11	40.35	4.35	.226

注：输入1=组1；输入2=组2；输入3=组3；输入4=组4。下同。

从表1可以看出，输入频率对故事复述的影响主要体现在内容要点和流利性的增加。经过卡方验证，两者的显著性都小于.05，具有统计意义。其中，输入频率对故事复述的内容影响最为显著（$p = .015$）。随着输入频率的逐步增加，内容要点共增加了13点，约占内容要点总数（54）的1/4。内容要点的增加主要由两方面原因引起。一方面，因为输入频率的增加，学生对原文的理解逐步加深，一些开始理解有偏差的内容被改正；另一方面，部分被忽略的具体细节也逐渐被添加到复述中来。

在汇报结果时，微变化研究一般从简单的定量分析结果开始，给读者一个有关变化趋势的总体概念，但是研究的重点是接下来的定性分析，包括具体例子的解读以及变化原因的分析等等。

下面表 2 和 3 中的两个例子可以分别说明受试在故事复述内容方面的两种进步。

表 2. 内容纠错的例子

原文	输入 1	输入 2	输入 3	输入 4
His clothes were slowly being covered with fine white powder.	Some fine white powder fall, fell on his shoulders.	The book was covered by many powers <powder>.	His clothes was covered with white, fine white powders.	Her clothes was, em, covered with em, small white powder.
	He found fine whi, white powder came down.	The fine white plow, pow, powder, er, kept on falling.	His clothes was covered by some white powders.	His clothes were covered by some, em, tiny, em, whi, em, fine white, em, dust.
	Some fine white powder began to em, fell onto the floor.	His clothes was, em, covered with fine white powder.	There are some fine white powder falling on his shoulders.	Mr. Smith's dress was covered with fine, fine white parder <powder>.
	There was white powder flying all around him.	His clothes was covered er, with f, fine and white powders.	His clothes was covered by fen, fine white power, powder.	The clothes was covered by the white powder.

表 2 中的例子说明当受试刚接触故事时，由于输入频次的不足，受试对于故事内容的掌握还不够准确，因此出现了一些理解上的偏差。比如对于粉尘降落的地方，大部分受试在听过一两遍后，都不是特别清楚。有受试理解为书本上，也有受试理解为肩膀上或是地板上，还有受试根本没有提及，这些都说明受试对内容要点的掌握还不够准确。经过多次输入后，所有受试都能够准确地复述出原文的内容。

具体事例的分析能够帮助读者了解每次变化是如何发生的。文字的描述比起抽象的数字能够更有效地记录变化发生的过程。看过这些例子后，我们对于受试在内容方面的进步有了更进一步的了解。

表 3 中的例子和上面的例子有所不同，它说明了输入频次是如何帮助受试将内容具体化、形象化，使故事内容更加丰满。原文的句子是：

<IU34>His clothes were slowly being covered with fine white powder. <IU35>Soon there was so much dust in the room <IU36>that he began to cough. <IU37>The hammering was now louder than ever <IU38>and bits of plaster were coming away from the walls. <IU39>It looked <IU40>as though the whole building was going to fall. (IU = 内容要点)

表 3. 内容细化的例子

输入 1 (S 1.4)	输入 2 (S 2.3)	输入 3 (S 3.3)	输入 4 (S 4.3)
What's more, there was white powder flying all around him. Soon he began to cough and the dust coming down everywhere.	And his clothes was, em, covered with fine white powder. Er, soo, soon he began to cough. Em, then, the, the hammering become more louder and louder.	Em, and em, his clothes was covered by some white powders. There's many dust in the room. He began to cough. The ham, the hambering <hammering> comes from the wall. It seems that the whole building is going to fall.	But after a while, it became very loud and then Mr. Smith's dress was covered with fine, fine white parder <powder>. After a while the dust was so thick that he began to cough. The, the humming <hammering> began louder and louder. It fel, it, it was like that the whole building was going to fall.

注：S = Subject（受试）。S 1.4, S 2.3, S 3.3 和 S 4.3 是每组的代表，她们内容要点的得分在各组排名都是第二。

表 3 中的例子说明受试在开始接受输入时，对故事内容的掌握往往只停留在故事的大概框架上，细节的掌握并不到位。随着输入的增加，越来越多的细节被添加到故事中来，内容变得越来

这儿的例子和上表中的例子从定性分析的角度指出了内容变化的不同实质。以数字为主的定

越丰富。原文对史密斯先生房间里混乱和狼藉的状态的描写包括 7 个内容要点。听一遍的第一组学生能够复述出两点，第二、三组分别获得三点和五点。只有第四组的这位受试一共讲出了六点，和原文最为接近。只有经过输入频次的强化，一些具体细节如锤子声音越来越响、整幢楼房似乎要倒塌等等才能被受试充分领悟到并且加进自己的复述中。

　　回到总表，表 1 也显示，接受不同输入频率的四组在内容要点上的变化幅度也有所不同。具体说来，从第一次输入的 26.88 到第二次的 32.25 以及第三次输入的 33 点到第四次的 40 点，变化幅度较大。但是，从第二次的 32.25 到第三次的 33 点，几乎没有变化。引起内容要点变化幅度不同的原因主要是学生注意力的转移。听第一、二遍的时候，学生的注意力主要放在对内容的掌握上，尤其是听第二遍时，学生的大部分注意力都集中在第一遍遗漏和没听明白的地方，因此，内容要点的进步有了第一次飞跃。在接受第三次输入时，第三组同学不再单纯地注意内容，而开始把注意力转移到故事的其他方面，如词汇的运用。正如有学生指出："一开始在第一、二遍时，只注意听故事的内容，它的来龙去脉，但是后来，我就会更加注意他（故事叙述者）是怎么讲的。注意他的表达，他是用什么方式讲出来的。"综上所言，频率的增加引起了注意力从内容到形式的转移，因此，内容要点的增加也暂时停止。

　　同样，内容进步的第二次飞跃也是由注意力

量分析只能说明内容有进步，但是并不能告诉我们进步如何发生。而表 2 和 3 的例子让我们真实地看到了变化的过程以及变化的本质。

微变化研究的重点不仅是变化的趋势，还包括变化的各个方面，如变化的幅度、根源等等。在论文的这个部分，作者讨论了在输入频率不断增加的情况下，复述内容在各个阶段中变化的不同幅度以及导致这种变化幅度差异的原因。研究发现，从第一次输入到第二次输入以及从第三次到第四次变化的幅度较大，而从第二次到第三次几乎没有什么变化。这种变化幅度的差异在很大程度上说明了这些变化的实质或者说是引起变化的内在因素是完全不同的。

通过对变化的各个重要

的转移引起的。虽然前文已经指出，从第三次输入开始，学生的注意力朝语言形式转移，但是，这种刻意的努力并没有带来立竿见影的进步，因为仅靠一次注意并不能使学生完全掌握原文地道和复杂的表达方法，所以错误的表达方式直接影响到意义的传达，内容并没有实质性进步。相反，经过再次努力，即学生再次接受输入后，一些原本尚未完全掌握的表达得到进一步注意而最终得以转述出来，意义也就相应成功地传达给了听者。总而言之，内容要点的两次进步是由不同原因引起的。第一次的进步是学生刻意注意内容的结果，而第二次的进步是由对语言形式的注意带来的。

方面的研究和分析，可以让我们更清楚地了解变化的特点和实质。我们在从事微变化研究时，也要特别注意对变化的各种特质的分析。只有这样，才能更深入、更全面地去展示变化的实质。

虽然表1说明了内容进步的总体趋势，但是输入频率对内容的帮助有一定的局限性。本研究进一步将内容要点分成重要内容、次重要内容和非重要内容（Taylor & Taylor，1990）。重要内容和故事发展的来龙去脉紧密联系，缺了任何一点，故事就连贯不起来。次重要内容指故事中的一些描写性细节。如果没有它们，故事依然完整，但是情节就没有那么生动精彩了。非重要内容和故事的发展没有紧密联系，完全可以从故事中删除而不影响故事的内容。通常它们包括一些转述引语的主句，例如，"Mr. Smith said"，或是用于修饰主动词的现在分词短语，如"looking up"。根据以上定义，笔者将原文的内容要点进行了分类并统计了输入频率对各类要点的不同影响。

表 4. 输入频率对各类内容要点的影响

要点类别	总数	输入 1	输入 2	输入 3	输入 4	卡方	显著性
重要	15	11.38	10.75	12.38	12.75	2.73	.436
次重要	28	11.63	16.38	15.38	21.03	11.46	.009
非重要	11	3.88	4.88	5.25	6.23	4.28	.233

表 4 说明，复述内容的进步主要体现在次重要内容要点的增加上（$p < .05$），重要和非重要内容要点基本无明显变化（$p > .05$）。换言之，输入频率只对次重要内容起作用，而对另两类内容基本不起作用。根据 Taylor 和 Talylor（1990）的理论，重要内容常常和故事中的许多信息相关，因为被反复处理，理解比较透彻，所以回忆起来相对容易些。虽然只听故事一遍，学生就能理解并复述出大部分重要内容。相比较而言，非重要内容基本不影响故事的情节，因而被忽略。即使输入频率不断增加，它们并无实质性进步。介于两者之间的次重要内容却留给学生最大的发展空间。随着输入频率的增加，学生逐渐理解了原文中的这些细节并运用于自己的复述。因此次重要内容要点有较大进步。同时表 4 也反映出了不同输入组之间在次要内容方面的进步幅度不同。这和前文所报告和讨论的复述内容的总体变化一致，所以这里对造成这一现象的原因不再赘述。

在论文的这一部分，作者将内容要点进行了更细的划分，目的是让读者能够了解到不同性质的内容要点在频次作用影响下的不同变化路径。研究发现，次重要内容要点的变化是导致内容整体变化的主要内在原因。

微变化研究重视数据的精细分析，我们要尽可能地把数据分析细化，透过现象揭示出背后隐藏的真相。

以上讨论说明了输入频率对不同复述内容的影响并不完全相同，输入频率对语言形式各个方面的影响也各不相同。根据表 1 的卡方验证，语言形式的各项指标中，只有流利性有显著进步（$p = .020$）。在前三次输入频率的作用下，流利性呈线形发展。输入频率对流利性的帮助可以通过任务前计划来解释（Crookes，1989；Foster & Skehan，1996；Wendel，1997）。复述前的这些输入频率可以看作是最后复述任务前的准备。准备得越充分，复述时越流利。

下面的例子可以具体说明流利度的进步。原文中有个句子：Mr. Smith went immediately to complain to the manager. They both returned to the room, but everything was very quiet。表 5 列举了各个输入组的受试是如何将这个句子表达出来的。

表5. 输入频次增加带来的流利性进步的例子

输入1 (S 1.1)	输入2 (S 2.4)	输入3 (S 3.3)	输入4 (S 4.4)
..., so he went to the manager and *clei*, complain it. The manager *went with him*, went with him to his room, but there's nothing. *It*, it was very quiet.	*Em*, so he went to apologize to the manager. *Em, but when he, em*, but *when they*, when they come back to the room, it *er* seem very quiet.	Immediately Mr. Smith complained it to the manager. As *they*, both of them returned to the room, it was quiet again.	So she went to complain to the manager. After they both returned to the room, *the roo*, everything was very quiet.

注：S = Subject（受试）。S 1.1，S 2.4，S 3.3 和 S 4.4 是每组的代表，她们流利度的得分在各组排名都是第二。黑色斜体字标出的部分为不流利的情况。

从表5可以看出，这些受试在输入频次达到第三次以后开始在流利度方面取得比较明显的进步。第一、二组的两名受试在复述时，有较多重复、停顿和自我修正的情况。相比较而言，第三、四组的两名受试复述时要流利得多，她们分别只有一次不流利的情况。

表1还显示一个有趣的现象，那就是流利度在前三次输入增加的情形下呈线性上升，但是到第四输入时却有所下降。这和第四组受试过度注意内容不无关系。她们成功地得到了最多的内容要点，但是要把这么多的故事内容一一复述出来并非易事，这种注意力的分散影响到了流利度。

在说明流利度的进步时，作者也运用了定量和定性相结合的方法，定量结果显示了变化的整体趋势，而定性分析揭示出在某些具体例子上典型的变化过程。微变化研究注重变化的过程，变化中的每个细节都要一一加以说明。比如第四次输入后的流利度下降是一个比较出乎意料的结果，所以应该加以特别说明，以体现出微变化研究精细分析的特点。

和流利性不同，准确性却没有任何进步（$p = .326$）。这和 Swain（1985）的输出假说中所指出的输入的局限性有关。Swain 认为，输入虽然在二语习得过程中必不可少，但是并不能保证学习者达到本族语者的语言运用水平。相反，输出能够提高学习者对语言准确性的注意，是输入的有益补充（Swain，1985：252）。不难看出，正是输入本身的局限性导致了学生对语言准确性的忽略。

同样，卡方验证显示句法和词汇复杂性也无显著进步（$p = .858, p = .226$），但是原始数据显示出词汇复杂性有一定进步和变化，类符／形符比率从 39.56% 上升到 41.46% 和 44.11%，最后回落到 40.35%。输入的增加使学生对原文更加熟悉，学生能渐渐学到原文的词汇，因此在词汇运用上有相应进步。学生一开始主要使用自己的语言来表达获得的信息，随着输入频率的增加，他们开始意识到原文语言的准确和地道，因此能有意识地注意到这些细节问题并学习运用到自己的复述中来。例如，原文使用了这样一个动词词组来说明 Mr. Smith 住的房间的优越：overlooks a beautiful bay（俯瞰美丽的海湾）。第一组的学生中没有一人使用 "overlook" 这个动词，相反，第三组的所有学生都使用了该动词而且能使用正确。

和其他指标不一样，准确性和复杂性的指标没有明显进步。但是我们的分析不能止步于此。值得注意的是，有时候数字会掩盖一些真相，所以还必须进行进一步分析，以确定变化是否真的发生。例如，词汇的复杂性其实是有进步的，不仅原始数据有变化，而且具体的例子也能够充分说明这种进步的存在。由此可见，定性的文本分析是定量分析的有益补充，可以帮助我们发现变化发生的过程和本质。

以上的分析主要以组间的比较为基础，下面的表 6 列举了所有受试的复述表现，由此可以看出个体差异。

表 6. 输入频次引起的个体差异

变量	输入 1		输入 2		输入 3		输入 4	
内容	S1.2	30	S2.4	36.5	S3.1	37	S4.1	43.5
	S1.4	28.5	S2.3	32.5	S3.3	35.5	S4.3	41.5
	S1.3	27	S2.2	30.5	S3.2	30	S4.4	39
	S1.1	22	S2.1	29.5	S3.4	29.5	S4.2	36
	Mean	26.88	Mean	32.25	Mean	33	Mean	40
流利度	S1.3	129.64	S2.2	138.49	S3.1	148.26	S4.2	**149.71**
	S1.1	125.42	S2.4	133.69	S3.3	143.84	S4.4	132.69
	S1.2	118.89	S2.3	129.39	S3.2	139.84	S4.3	130.76
	S1.4	113.37	S2.1	128.15	S3.4	138.22	S4.1	129.69
	Mean	121.83	Mean	132.43	Mean	142.54	Mean	135.71
准确性 (%)	S1.4	59.38	S2.2	56.76	S3.3	**61.11**	S4.1	55
	S1.1	55.88	S2.1	**56.25**	S3.1	52.94	S4.4	52.5
	S1.2	55.88	S2.3	47.06	S3.4	48.39	S4.2	51.43
	S1.3	55.88	S2.4	42.42	S3.2	39.39	S4.3	40.54
	Mean	56.76	Mean	50.62	Mean	50.46	Mean	49.87
句法 复杂性	S1.2	1.48	S2.4	1.57	S3.2	1.44	S4.4	1.48
	S1.3	1.42	S2.3	**1.42**	S3.1	1.36	S4.1	1.43
	S1.4	1.33	S2.2	1.42	S3.4	1.35	S4.3	1.32
	S1.1	1.21	S2.1	1.33	S3.3	1.33	S4.2	1.30
	Mean	1.36	Mean	1.44	Mean	1.37	Mean	1.38
词汇 复杂性 (%)	S1.4	45.06	S2.4	44.67	S3.3	47.86	S4.4	41.67
	S1.3	39.41	S2.3	**44.49**	S3.4	45.35	S4.3	41.28
	S1.2	37.13	S2.1	39.02	S3.2	42.41	S4.2	39.44
	S1.1	36.62	S2.2	37.65	S3.1	40.83	S4.1	39.01
	Mean	39.56	Mean	41.46	Mean	44.11	Mean	40.35

注：黑体部分为特例；S1.1，S1.2……＝各位受试；Mean＝各组平均数。

从上表可以发现，绝大部分受试的个体表现和整组的总体表现相吻合。只有极少数的个体表现偏离群体趋势。这些特例可以总结为以下两种情况。第一种情况和口语各方面之间的互相竞争而导致的注意力稀缺有关。比如说，受试 4.2 在第四次输入后还能保持流利度的进步，这和整体变化趋势是相悖的。但是我们通过细心观察就可以发现除了流利度外，她在其他各方面的表现都不尽如人意，不是组内第四名就是第三名。这说明，她流利度的进步是以其他方面的相对弱势为代价的。同样，受试 2.1 在准确性方面比其他组员的表现要好一些，但是她在其他方面的表现却要差一些。

第二种情况由受试在复述过程中选择的注意点不同所引起的。受试 2.3 是个典型的例子。和同组的其他受试不同，她特别注意单个的词汇，而其他受试更重的是整个句子结构。所以她在句子和词汇复杂性方面的变化和其他受试都有差异。用她自己的话说："我尽量能够从故事中记下更多的单词。我记了很多词，像动词、形容词和一些关键词。这些非常重要。"比较类似的一个例子是受试 3.3，她在群体的准确性下降的趋势下，反而有所进步。她说："我把动词的后缀和表示时态的标记都记了下来。虽然我也注意如何讲述故事的内容，但是我也非常注意时态的基本用法。"这说明，她刻意对语言形式的注意确实帮助她在这个方面有了较好的表现。

综合来看，输入频率对学生口语表达能力的提高起着积极的作用。随着输入频率的增加，各项指标，除准确性以外，都有相应进步。在第三

论文在这儿进行的个体差异分析充分体现了微变化研究的特点。上面的讨论主要依据组间平均值的比较，但是这并不排除有个别受试和整体的发展趋势不符，甚至完全相反。因此，更细致的个体差异分析是完全有必要的。从研究结果来看，大部分受试的变化路径符合群体变化趋势。但是也确实存在个别特例。这些特列的存在充分说明了变化的复杂性和多样性，我们不应该回避，而是需要客观地把它们呈现出来。论文详细分析了导致这些个体变异性的原因，让读者对于变化的本质有了更深入的认识。

在汇报和讨论输入频率作用的最后，论文汇报了频率发生作用的最佳次数。最佳频率的发现既有助于我们了解频率对于语言学习的积极作

次输入的影响下，流利性和词汇复杂性都比前两次有大幅提高，并且随后开始下降，所以可以断定这两项指标在三次输入频率时达到发展的峰值。具体说来，流利性从第一次的 121.83 上升到第二次的 132.43 和第三次的最高值 142.54，最后回落至 135.71，而词汇复杂性从 39.56% 上升到 41.46% 和 44.11%，最后下滑至 40.35%。虽然内容在第四次输入时才上升到最高值，但是其他指标都有退步，所以重复听故事三遍可认为是输入频率作用发挥的最佳状态。这一发现也说明频率并非越高越好，当口语进步到一定程度后，就会停滞不前，甚至后退。因此，在教学实践中，我们应该充分重视频率作用发挥的最佳点，既使频率发挥出它的最大效应，也使学生免于多次重复的疲惫。

用，也让我们清醒地意识到频率作用有其本身的局限性。因此，如何有效利用频率作用值得我们教学工作者深思。

4.2 输出频率的影响

输出频率对故事复述的影响体现在对第一组学生每次重复复述故事的比较。因为每次重复复述之间没有新的输入，所以不同复述之间的差别可以看成是输出频率的影响。表 7 详细列出了由输出频率引起的故事复述在内容和语言形式两方面的变化。

表 7. 输出频率对故事复述的影响

变量		输出 1	输出 2	输出 3	输出 4	卡方	显著性
内容要点		26.88	27.5	27.5	27.5	.90	.825
流利性		121.83	136.81	141.41	142.49	8.10	.044
准确性 (%)		56.76	58.56	66.52	64.12	7.80	.050
复杂性	句法	1.36	1.38	1.46	1.45	7.50	.058
	词汇 (%)	39.56	38.44	39.85	41.16	2.10	.552

根据表7所列数据，故事复述的内容几乎没有任何变化（$p = .825$），从第一次输出的26.88略有上升到第二次的27.5后就没有进一步的变化。因为该组学生只听了故事一遍，而且没有机会再接触原文，所以内容要点的数量几乎保持不变。正如受试1.3汇报的，"这个故事是其他人写的，而不是我自己的故事。我只能接收故事中本来就有的内容。你听的时候一旦遗漏了一些东西，你也不可能再弥补了。即使你讲很多遍，一些原来的东西没有了就再也没有了。我只能把我听到的复述出来。"由于有限输入的限制，受试在重复复述时，对于原文的内容要点的掌握停滞不前，基本停留在第一次的水平。

有关输出频率对复述影响的分析还是从故事内容开始，定量的数据分析显示输出频率对内容几乎没有什么影响，访谈的数据同样说明重复输出对于内容没有实质性帮助。

为进一步了解个体表现，笔者将每位受试的数据进行了统计，结果在表8中列出。

表8. 输出频率对故事内容的影响

受试	输出1	输出2	输出3	输出4
1.1	22	22.5	24.5	24
1.2	30	31.5	29.5	30.5
1.3	27	26	25.5	26.5
1.4	28.5	30	30.5	29
平均值	26.88	27.5	27.5	27.5

表8显示，四位受试的个体表现和整个组的群体趋势基本一致。输出频率对故事内容的进步基本没有帮助。但是如果比较个体和群体的表现，我们也可以发现，个体内容要点的得分情况比起整组的平均值来说，波动要稍大些，其中最

虽然整体趋势已经由表7列出，但是微变化研究所关注的个体变异性是否存在还需要进一步分析。表8中的数据说

大的变化达到 2.5 分，而整组的平均值的变化不超过 1 分。细细分析这些波动，我们也可以发现受试在复述内容方面的一些小小变化。

这些细小的变化主要由两种原因引起。原因之一是这些受试对某些内容要点的理解没有把握，因为心存疑虑，所以有时候能够复述准确，有时候又会出错，导致表现的不稳定。另外一个原因和受试的心理状态有关。刚开始复述时，受试比较紧张，一些记下来的内容要点被漏讲，或者不知道怎么去讲。随着输出频率的增加，紧张度有所缓解，因此一些原本可以却没有被复述出来的要点逐渐增加到自己的复述中来。

上面的分析发现输出频率对复述内容几乎没有影响。相反，在内容不变的情况下，语言形式的各个部分均有一定进步。流利性的进步相当明显（$p = .044$，$< .05$），从最初的 121.83 到最后一次输出的 142.49，每次重复都比前一次更加流利，但是这些进步先快后慢，到第四次时就几乎没有进步了。输出频率引起的流利性进步可以认为是语言自动化过程的结果。心理语言学的研究证明（Anderson, 1982, 1989, 1992；DeKeyser, 2001；Newell & Rosenbloom, 1981），重复练习能提高语言自动化的过程。随着练习的加强，信息处理的时间大大缩短，不再需要刻意的努力和大量的注意力资源。以前的一些研究也证实了重复练习对流利性的帮助（如 Hieke, 1981；Maurice, 1983；张文忠, 2000），本研究进一步支持了这一结论。在访谈中，受试也都提到了输

明，个体差异不明显，基本和整体趋势保持一致。

对于个体数据显示出的在内容方面的细微波动，作者也进行了解释。这种定性研究的方法注重任何一点细小的变化并且进一步揭示出变化的根源。

语言形式的变化首先体现在流利性的进步。定量的数据分析结果显示出线性的进步，定性的分析揭示出导致进步的原因。定量和定性相结合的方法多方面、多角度地展示出变化的实质。语言发展是一个复杂的现象，只有通过多方面的细致分析才能揭示其本质，也才能让读者更好地了解语言变化的过程和导致这些变化的内在根源。

出频率对流利性的帮助。受试 1.4 说："我感觉自己说第一遍时，一直磕磕巴巴的。但是有了第一遍的基础，后面讲起来就顺得多。"受试 1.3 也有同感："就好像要搜寻每一个单词，每讲一个词都很费劲。很多时候我要慢下来考虑怎么去把句子组织好。后面越讲越流利，因为有些句子已经被重复好几次了，不需要考虑怎么去组织。"

下表中的具体例子可以充分说明重复输出对流利性的帮助。

表 9. 输出频率影响流利性的例子

受试	输出 1	输出 2	输出 3	输出 4
1.1	Mr. Smith was told by the manager, *um*, that *it wou*, it would be *a little bi*, a little bit noisy…. *When Mr. Smith, em, he,* he was told that *the*, the manager want to build a new wing of the hotel.	Mr. Smith was told by the manager that the hotel would build a new wing, *er*, and there would be *a little noi*, a little bit noisy.	He was told that *the hotel was decided*, the hotel decided to build a new wing and *it will*, it would be a little bit noisy.	He was told that the hotel decided to build a new wing, so it will be a little bit noisy.
1.2	*Em, em,* it is far and away in the hotel, *em, but it, em,* through the window, *em, he can,* he can see a beautiful bay.	And it is far in the *em, er* hotel and through the window of which he can see a beautiful bay.	*Em, last time,* it was the *farst, far,* far end room in the hotel, *em,* through the window of which he can see a beautiful bay.	*Em,* it was far in the up floor of the hotel and through the window of which he can see a beautiful bay.

（待续）

（续表）

受试	输出 1	输出 2	输出 3	输出 4
1.3	Mr. Smith was very embarrassed to *drag the manager in, um, fo, for...* drag the manager in, but for nothing.	*Erm,* but Mr. Smith felt very embarrassed *to drag the Mr.,* to drag the manager in.	When Mr. Smith began to feel embarrassed to drag the manager in...	Mr. Smith was very embarrassed for dragging the, *er,* manager in, but for nothing.
1.4	As soon as he *sat,* had sat in the room, he heard some loudly hammering *at the,* at the wall.	As soon as he had sat on the bed, he heard some loudly hamming <hammering> at the wall.	As soon as he sat on the bed, he heard loudly hamming <hammering> at the wall.	As soon as he had sat in the room, he heard loudly hamming <hammering> on the wall.

注：黑色斜体字标出的部分为不流利的情况。

　　表 9 中的例子说明在输出频率的影响下，同样的句子在开始时都包含部分不流利的情况，如停顿、重复、修正等等。但是重复数次后，这些影响流利度的因素在慢慢减少，最终复述的流利性都大大提高。而每位受试的表现（表 10）和整体趋势基本吻合，都呈现出线性的上升规律，尤其是前三次的表现非常明显。在第四次时，受试 1.1 和 1.3 的流利度还在持续稳步进步，受试 1.2 基本维持住前几次练习获得的流利度，但是受试 1.4 的流利度却出现了较大的滑坡。究其原因，受试 1.4 汇报说，第四次复述她已经不在乎了，无所谓讲得怎么样。她的态度提醒我们频率作用的负面影响，过多的重复有时会导致研究对象的疲劳，因此会引起不理想的表现甚至退步。

具体事例的引用可以让读者清楚地看到变化的过程。同样，个体差异的分析体现出微变化研究的优势。群体特征掩盖下的个体变异性充分说明了变化的复杂性，也揭示出频率作用的局限性，对于我们的语言教学有较大启示。

表 10. 输出频率对流利性的影响

受试	输出 1	输出 2	输出 3	输出 4
1.1	125.42	137.56	139.50	146.30
1.2	118.89	132.75	136.43	135.19
1.3	129.64	128.88	134.63	143.50
1.4	113.37	148.06	155.07	144.97
平均值	121.83	136.81	141.41	142.49

表 7 中的数据表明，在输出频率的影响下，不仅流利性有提高，语言的准确性也有较大进步（$p = .050$），从第一次输出的 56.76% 上升到第三次的最高值 66.52%，再到最后的 64.12%。这一结论在很大程度上支持了 Swain（1985）的输出假说。根据该假说，语言的输出能帮助学习者有意识地注意到自身的语言问题以及和目标语之间的差距，从而改进语言运用和表达。通过重复说，学习者逐渐意识到自己的问题并作出相应的修正，因此语言的准确性有比较显著的进步。在访谈中，受试们也都提到了输出频率对正确性的帮助。如受试 1.3 表示："当我讲第一遍和第二遍时，脑子糊里糊涂的，所以犯了很多错误。渐渐地，我意识到这些错误而且开始注意它们的正确用法。就好像从混乱中清醒过来，我发现这些错误很可笑。怎么讲呢，就好像是被潜移默化了一样。"受试 1.4 的经历也非常相似："开始讲时，我主要注意故事的情节。到后面的复述时，我更加注意前面忽视掉的语法。对我来说，重复讲的最大帮助就是我开始注意到语法。"由此可见，输出频率能够提高学习者对语言准确性的意识和注意，并且对自己的语言问题作出相应的修改。

在汇报和讨论输出频次对语言准确性的影响时，论文同样先采用了定量分析的方法，将进步的总体趋势先进行了总结。随后又结合理论原理和学生的自我汇报，进一步证实了定量分析的结果，同时又揭示了导致这些结果的内在原因。

微变化研究所强调的回溯性访谈可以为研究人员提供大量的有关研究对象心理活动的数据，对于全方位展示变化发生的过程和根源有着重要的意义。

虽然输出频率对整体口语表达的准确性有帮助，但是，并不是所有的语言错误都能通过重复练习而消除。通过对各类错误的分别统计，可以看出输出频率的局限性，结果请见表11。

表11. 输出频率对各类错误的影响

错误种类		输出1	输出2	输出3	输出4
语法	时态	33	29	25	24
	冠词	4	4	4	4
	介词	2	3	4	2
	词性	2	4	3	5
	其他	7	6	6	7
词汇		5	6	6	6
语音		0	2	0	1

从表11的结果看，输出频率对各类错误的影响各不相同。除语法类的时态错误有所减少外，其他各类错误并无明显变化。这说明输出频率的作用有其局限性，重复输出只能纠正某些错误，而对另外一些错误则无能为力。同时这也说明，因为学生所犯时态的错误主要属于临场发挥欠佳而非语言能力的缺陷，如忘记从句中过去时的使用，因此这些错误能够通过多次输出而得到注意和修正。

除了上面汇报的整组群体表现，每位受试的个体表现也值得我们注意。下面的表12将各位受试复述准确性的变化进行了总结。根据表中的数据，可以得出这样的结论：整组的表现基本能够概括个体的变化。每位受试的准确性在前三次都出现了大幅度的提高，她们的主要区别体现在

输出频率对语言发展有积极的促进作用，但是它也有自身的局限性。对各类错误的进一步分析可以说明这一点。数据的精细分析能够帮助我们找到引起变化的真正因素，也让我们看到了各类不同性质的错误的不同变化趋势，充分展示了变化的多维性。同样，对于个体发展路径的分析也可以让读者清晰地认识到共性掩盖下的个性的存在，对于

第四次复述的表现。除了受试 1.2 之外，其他三名受试的语言准确性在第四次都有下降趋势。这种下降主要和受试的疲劳状态有关，经过几次重复，她们有些厌倦了，所以不再特别注意语言的准确性，而是希望能够尽快完成任务。和这三名受试不一样，受试 1.2 一直非常注意语言的准确，而且她的进步一开始要明显落后于他人，到了第三、四次才慢慢赶上，直到最后一次复述还处于上升阶段，所以她的变化路径出现了异常。

频率作用的复杂性也有了更加直观的感受。

表 12. 输出频率对准确性的影响

受试	输出 1	输出 2	输出 3	输出 4
1.1	55.88	58.06	61.91	53.85
1.2	55.88	55.56	60.53	67.57
1.3	55.88	60	71.43	63.64
1.4	59.38	60.61	72.22	71.43
平均值	56.76	58.56	66.52	64.12

前文讨论了流利性和准确性各自的进步，值得注意的是，表 7 还显示出两者进步的幅度有所区别。流利性的最大进步出现在从第一次输出的 121.83 到第二次的 136.81，一下子增加了近 15 个单位音节。随后的进步幅度逐步放慢，从第二次 136.81 到第三次的 141.41 和第三次 141.41 到第四次的 142.49，每次进步只有 4 个和 1 个音节。相比较而言，准确性的最大进步出现在从第二次输出的 58.56% 到第三次输出的 66.52%，上升近 8 个百分点，比起第一次到第二次增加的 2 个百分点，进步要明显得多。造成这一差别的原因在于

微变化研究要求对变化的方方面面能够作出详细的分析，以达到认识变化实质的目的。这里通过对比流利性和准确性的变化幅度，证明了两者所发生的变化在本质上的差异。这个研究结果无论对于相关理论的研究还是英语教学实践活动都有较大指导意义。

流利性和准确性的内在本质相去甚远。流利性的
进步是语言自动化的结果。作为一种程序性知识，
流利性的获得不需要刻意的注意和努力，所以即
便在刚刚开始重复时，流利性并不因为注意力的
短缺而受到影响。相反，语言准确性的提高需要
学习者有目的的注意和努力，因此它的进步由于
受到注意力资源的限制，要慢一些。只有当重复
输出增加到一定程度，注意力资源竞争的矛盾相
对缓和时，准确性才可能得到发展的空间。

相对于流利性和准确性，复杂性的变化要小
一些。其中，句法复杂性从最初的 1.36 提高到第
三次输出的 1.46，有一定进步（$p = .058$）。在输
出频率的影响下，学生更加愿意尝试和冒险，即
使对有些复杂句的结构没有十分把握，她们也愿
意试一试。这种大胆尝试对于中介语的发展有着
重大的意义（Foster & Skehan，1996）。受试 1.3
解释她使用复杂句的原因："我不记得原文用没
用从句。但是我想如果是我自己讲这个故事，我
会用一个从句。虽然复杂句讲起来难一些而且容
易犯错误，但是我想在这儿还是用从句好一些。"
受试 1.4 同意她的观点："熟悉了故事的内容后，
我更加注意表达方式。我会尽量多用些复杂句，
因为我觉得复杂句比简单句要好。"

表 13 举了具体的例子来说明受试在句法复
杂性方面的进步。虽然有些句子在语法上还存在
着问题，但是我们可以看到句子在句法方面趋向
复杂化的现象。在这些例子中，有的句子因为添
加了从句成分，内容变得更为丰富，形式变得更
加复杂。有的句子是由几个简单句合并而来。原

在分析句法复杂性的变
化时，作者同样采用了
定量和定性相结合的方
法，详细说明了变化的
趋势和特点。

从 p 值上看，句法复杂
性并没有显著变化，但
是原始数据说明变化还
是存在的。从学生的回
溯性汇报中我们也可以
看到，她们在复述过程
中确实注意到了这方面
并且进行了一定的努力。
表 13 中的例子更是毫
无争议地表明部分句子
的复杂性确实有所增
加。具体例子的解析充
分说明了随着输出频率
的增加句子结构是如何
进步的，学生的语言

先句子间的关系变得更加明确，条理性和流畅性都得到了加强。例如受试 1.3 在这儿的例子。在第一遍复述时，她用了三个简单句来描述这个过程，给人的感觉是所有这些事件的发生断断续续，连续性和连贯性不够。第二遍时，她加上了一个时间从句，说明听到噪音的具体时间和当时的情况。设想一下你在安心读书的时候突然来了一阵可怕的噪音，这是多么令人头疼？第三遍和第四遍复述时，受试又把一个简单句变成了一个从句，和后面原有的简单句合并为一个复杂句。经过这样的合并，句子间的逻辑关系更加清楚，原来是在这样的情况下，主人公才变得忍无可忍。

水平是如何逐步提高的。抽象的数据根本无法提供如此形象的感性认识。我们在进行微变化研究时，要充分利用具体个案的分析，使我们的研究更加具有说服力。

表13. 输出频率影响句法复杂性的例子

受试	输出1	输出2	输出3	输出4
1.1	At first, em, he heard the noise from the roof of the, of his room. Somebody was humboring <hammering>.	Em, at fir, he heard er, he heard noisy above his, above he, above his roof.	*When he was reading the book*, he noticed some humboring <hammering>, em, *somebody was humboring <hammering> loudly above he, above his head.*	He, *when he was reading his book*, he heard some, *somebody was humboring <hammering> loudly above the roof.*
1.2	It is far and away in the hotel, em, but it, em, through the window, em, he can, he can see a beautiful bay.	And it is far in the em, er hotel and *through the window of which he can see a beautiful bay.*	It was the farst, far, far end room in the hotel, em, *through the window of which he can see a beautiful bay.*	It was far in the up floor of the hotel and *through the window of which he can see a beautiful bay.*

（待续）

（续表）

受试	输出 1	输出 2	输出 3	输出 4
1.3	Mm, but in the following afternoon, he brought a book, er, to read. Mm, gradually, he feel that, he hear the, em, noise of hammering. Mm, slowly, he began to feel uncomfortable.	Em, em, *when he was reading*, he began to hear the noise of hammering and hammering and it, em, became louder and louder. He felt very uncomfortable.	Mm, *when he was reading*, he began to feel that, he began to hear the noise of hammering. As the, *as the noise beco, became louder and louder*, he felt very uncomfortable.	Mm, mm, *when he was reading the books*, he began to feel the, he began to hear the noise of hammering. And *as the noise became louder and louder*, he feel very uncomfortable.
1.4	Every time he can get the same room. It is far at the end of the building.	Every time he can get the same room. It is far at the end of the building.	*Every time he goes there*, he can get the same room. It is far at the end of the building.	*Every time he goes there*, he can get the same room *which is far at the end of the building.*

注：黑色斜体字标出的部分为从句。

上面我们看到了整组在句法复杂性方面的总体变化趋势，下面的表 14 列出了每位受试的数据。其中三位受试的变化路径和全组的总体变化基本一致，都呈现平缓的上升趋势。只有受试 1.2 的变化路径偏离整组的群体特征，她在句法复杂性上的变化上下波动较大。在第二次复述时，她加上了两个新的内容要点，而且都是以简单句的形式出现，另外原来的一个复杂句也被拆成了两个简单句。所以，这次复述的句法复杂性指标有较明显的下降。而在第四次复述时，这位受试因为开始感到疲惫，不再刻意地去追求改变和改进句子的表达方式，所以句法复杂性又开始明显下滑。

在汇报了整组变化趋势的基础上，论文在这个部分又分析了每位受试的个体表现。个体的差异性可以从另外一个角度体现变化的复杂性和多维性，也提醒我们语言教学应该充分注重个性化发展。

表 14. 输出频率对句法复杂性的影响

受试	输出 1	输出 2	输出 3	输出 4
1.1	1.21	1.24	1.27	1.30
1.2	1.48	1.39	1.52	1.42
1.3	1.42	1.52	1.59	1.57
1.4	1.33	1.38	1.44	1.52
平均值	1.36	1.38	1.46	1.45

与句法不同，词汇复杂性无明显变化（$p = .552$）。因为自始至终故事的内容几乎没有变化，因此相应地，用来表达故事意思的词汇也没有变化。受试的个体表现（见表 15）基本符合变化的总体趋势。其中有些微小的波动是由以下两种原因引起的。其一，学生对有些生僻词掌握不好，她们有时用了原词，有时又觉得别扭，换成了自己熟悉的近义词。比如，她们用 "book" 换掉原来的 "reserve"，把 "apologetically" 改成 "sorry" 等等。其二，受试在听故事的时候对有些原文使用的词没有抓住，所以在讲的时候比较犹豫，有时候用了这个词，再讲时又觉得不太确切，换了另外一个词。以上两个原因导致了受试在使用个别词时候的微小变化，但是这些变化总体来说不能改变词汇复杂性变化相对比较稳定的事实。

词汇复杂性的变化相对较小，群体趋势和个体表现也没有太大区别。对于个别词汇的使用变化，论文在这个部分进行了进一步分析，阐明了出现这种现象的原因。

表 15. 输出频率对词汇复杂性的影响

受试	输出 1	输出 2	输出 3	输出 4
1.1	36.62	35.66	35.03	41.16
1.2	37.13	38.10	41.95	38.13
1.3	39.41	36.23	39.54	41.90
1.4	45.06	43.77	42.86	43.45
平均值	39.56	38.44	39.85	41.16

简言之，输出频率对故事复述的影响主要体现在语言形式的进步上。重复复述三次后，各项指标均达到最高水平或接近最高水平，因此第三次重复可认为是输出频率发挥的最佳点。

4.3　输入和输出频率作用的对比

从以上对输入频率和输出频率作用的探讨中，可以看出它们对口语发展起着不同的作用。两者的差异可以概括为以下几个方面：

首先，两者对故事复述的帮助体现在不同方面。具体说来，它们对复述内容和语言准确性的影响存在着较大的差异。输入频率对内容的进步大有裨益（$p = .015$），但是输出频率在这个方面却无能为力（$p = .825$）。另外，输入频率对语言准确性的提高没有任何帮助（$p = .326$），相反，输出频率对准确性的发展有着积极的促进作用（$p = .050$）。

其次，两者引起各项变化的模式大相径庭。输入和输出频率对流利性和复杂性都有不同程度的帮助。但是，由两者引起的变化规律却并不一致。在输入频率的影响下，流利性的进步缓慢而平稳，输入之间的进步比较平均，每次增加约 10

论文这部分对于输入频率和输出频率的比较按照微变化研究所提倡的原则，对变化的内容、路径、规律以及根源进行了一一对比和分析。这些详细的对比一方面说明了由输入和输出频率所引起的变化的不同表现和实质，揭示出了变化的复杂性和多样性。另一方面也从实证的角度证明了二语习个单位音节。相比较而言，输出频率对流利性的影响先快后慢，从第一次到第二次的输出，流利性的进步最快，每分钟增加了15个音节。第二次输出以后，语速只是稍有进步，从第二次到第三次共增加4个单位音节，而从第三次到第四次只增加了1个单位。同样，输入和输出频率对于句法复杂性的影响也有差别。在输入频率的影响下，句法复杂性进步较快，在第二次输入时，句法复杂性已达最高值。但是这种进步消退也快，第三次输入时，句法复杂性回落到起初的水平。在输出频率的影响下，句法复杂性进步稍慢，但是进步基本能维持。它的峰值出现在第三次，而且第四次和第三次基本没有差别。换言之，句法复杂性的进步在输出频率的条件下能基本保持。

　　最后，两者导致口语变化的内在机制不尽相同。虽然输入和输出频率对流利性和复杂性都有帮助，但是引起这些变化的原因却并不相同。对流利性的影响上，输入频率靠的是任务前计划和准备，而输出频率依据的是语言自动化的过程；对语言复杂性的帮助上，输入频率促使学生不断学习和模仿原文用法，而输出频率则鼓励学生运用以往所学知识改进自己的语言表达。

得领域有关输入和输出的理论的准确性和局限性，研究因而更具有理论价值。

5. 结语

　　本研究的主要发现可总结如下：

　　（1）输入频率对故事复述的内容进步有较大帮助。此外，随着输入频率的增加，流利性和词汇复杂性也有一定进步。但是，语言准确性没有任何提高。

（2）输出频率对故事复述的内容没有任何帮助。但是，各项语言形式，除词汇复杂性外，都有相应提高。

（3）输入频率和输出频率对口语的影响各不相同。具体体现在口语变化的不同方面、不同模式以及引起这些变化的原因。

本研究的发现不仅具体说明了频率在二语习得中的作用，尤其是对英语口语能力发展的影响，并且揭示出发展变化的规律性和复杂性，丰富了国内相关研究，这对我国二语习得领域有关频率作用的研究具有积极意义。同时，本研究进一步将频率划分为输入频率和输出频率，表明了输入和输出在二语学习中的不同作用，研究结果在一定程度上发展了著名的输入假说和输出假说。在实践上，本研究证明了频率作用在语言学习中的重要性和复杂性。频率应该是语言学习中不可或缺的组成部分，值得语言教育者和学习者充分重视。在语言学习和教育中，应进一步注重频率作用的复杂性，使频率发挥出其应有的积极作用。同时，语言教学也应该强调输入和输出两方面的相互结合，以取得最佳的教学效果。

因本研究涉及的研究对象数量较少，且缺乏代表性，因此研究结论有待进一步论证。

本章小结

这项研究旨在揭示输入频率和输出频率对中国大学生口头故事复述的影响。研究对象选取 16 名英语专业二年级女生作为研究对象，接受不同的输入和输出频率。研究结果显示，输入频率对故事复述内容的影响显著，流利性和复杂性也有相应提高，但是准确性没有任何进步。相反，输出频率对故事复述的内容无明显帮助，而流利性和准确性有不同程度提高，但是复杂性没有显著进步，尤其是词汇复杂性。口语整体表达能力经过三次频率作用的影响达到发展的最高值。

研究设计巧妙，环环相扣，体现了微变化研究的精髓。研究数据的收集过程控制严格，周期集中，强度适当。数据分析细致，讨论深入，将定量和定性分析、共性和个性完美结合，充分展现了微变化研究的优势。更加难能可贵的是，此项研究把输入和输出这两个重要的概念融合到微变化研究中，使研究更加深入，在理论上达到了一定高度。

第八章　微变化研究法实施的
注意事项及研究前景

在前面的几章中，我给大家介绍了一些典型的国内和国外运用微变化研究法进行的研究，解析了微变化研究的各个步骤，展示了实施微变化研究的基本过程和方法。本章将在此基础上，总结运用微变化方法开展应用语言学研究时实施每个步骤应该注意的细节问题。通过了解这些细节，可以注意到运用微变化研究方法取得成功的关键所在，少走弯路，有效地发挥微变化研究的优势。除了具体的实施步骤和注意事项，本章还将探讨微变化研究的应用前景。前面已经提到，微变化研究法近年来才开始被运用于应用语言学研究领域，那么哪些研究适合运用该研究方法？我们可以使用该方法开展哪些具体的研究项目？微变化研究的前景如何呢？这些问题在本章也可以找到答案。

1. 实施微变化研究的注意事项

在这一小结中，微变化研究的整个过程将被分解成各个步骤，然后将实施每个步骤时应该注意的事项逐一介绍给大家。这些注意事项都是在先前的微变化研究的基础上概括起来的，在真正实施的过程中，研究人员还应该结合实际情况，灵活运用。

1.1 研究问题

通常微变化研究要回答的研究问题和"变化"或者"发展"这两个概念有着密切的关系。比如说，最初的微变化研究都是以儿童认知能力的发展为研究目的。通过微变化研究来探寻人类认知能力发展的轨迹和特点。所以，我们现在使用微变化研究法的主要目的也是了解在我们身边发生的各种各样的变化以及这些变化发生的规律、原因等等。

从应用语言学研究的角度出发，研究人员感兴趣的问题也都集中在语言能力发展和变化的规律和特点上。在应用语言学研究中，有很多问题和变化这个概念联系在一起。很多关于语言学习，特别是二语习得的最根本问题都在一定程度上和变化有关，任何对学习、发展、进步等概念所作的推断都必须从时间和变化的角度去理解。总而言之，微变化研究法可以回答的问题和应用语言学研究的基本问题密切相关，应用的范围涉及较广，任何和变化、发展这些概念相关的问题都可以考虑尝试使用微变化研究法。

在前面几章我们介绍的微变化研究中，Siegler 和 Stern（1998）的研究主要回答了儿童的算术能力如何提高和变化的问题，具体说明了儿童在计算逆运算题目时发现策略、运用策略解决问题的过程。Guerrero 和 Villamil（2000）使用微变化研究法，定性地记录和分析了两名学生互相交流、合作修改作文的过程。目的是为了观察学生在修改二语作文的过程中，如何使用各种修改作文的策略，如何逐步调整这些策略，并且利用这些策略来顺利完成作文的互改，体现了研究对象互动交流过程中语言建架能力的发展变化过程。Verspoor、Lowie 和 van Dijk（2008）的研究详尽描述了一名二语学习者大学四年写作能力的变化过程，充分展现了语言变化的复杂性、多样性和变异性。同样，国内的三个研究也都关注研究对象某些语言技能的发展过程。朱婧（2003）的论文主要探讨了在输入频次的影响下，二语阅读和词汇习得是否发生、如何发生各种变化和进步的，研究的重点集中在语言微技能的变化上。周丹丹（2004，2006）的研究注重的都是口语能力的变化，包括故事复述内容、口语流利度、准确性、复杂性等各个方面在输入和输出频次影响下发生的变化。

总的来说，微变化研究回答的研究问题基本上都和变化或者发展这些概念密切相关，多角度、多方位地展示变化的特点、规律以及内在机制等等。

1.2 研究对象

微变化研究需要对研究对象进行细致的观察，而且对每位受试的每次表现都要详细记录，整个过程耗时费力，而研究人员的精力和时间是有限的，所以一般使用微变化方法开展的研究都不可能是大规模的研究，研究对象相对较少，以个案研究为主。研究对象过多还可能对研究产生负面影响。微变化研究要求研究对象积极配合、充分投入，对于研究对象的要求非常高。如果有个别研究对象在研究过程中产生厌烦情绪，纯属正常。但是这些个别受试的行为可能会影响到其他受试的情绪，从而使整个研究陷入不可收拾的局面。所以，在选择研究对象的数量上，应该本着宁缺勿烂的原则，保证每位受试都能够是合格的参与者。通常在确定研究对象前，可以把研究对象的选择范围扩大些，如果最后的研究对象是 20 名，那么最初的名单可能需要扩大到 30 名以上，然后再对这些可能的参与者一一进行考察，以保证受试的质量。比较理想的状态是，研究人员和研究对象有良好的人际交往基础，双方有经常接触和交流的时间和机会，可以为研究的顺利进行打下良好的基础。同时，在研究开始之前，研究人员要和受试进行充分的交流，说明研究的重要性和参与研究的详细要求。当然，参与研究应该是在完全自觉的前提下进行，任何迟疑或者勉强都会影响研究的有效性。有了这些前期的准备，后面的各个步骤才有可能顺利进行。

除了研究对象的数量和质量应该严格控制以外，研究对象参与研究的积极性也是研究成功的重要保证。研究对象在整个研究过程中需要投入大量时间和精力，他们对于研究的兴趣和参与研究的积极性也是能够认真完成任务的重要前提。以二语习得研究为例，通常选择的受试语言水平处于中低状态，他们急于也乐于改变这个现状，取得更多进步。对于高水平受试而言，语言发展的空间已经不大，因此可能观察不到明显的变化。其实比语言水平更重要的还是受试的学习态度和动机。如果一个受试根本就不在乎自己的学习水平或者从来学习都是马马虎虎、敷衍了事，那么想让他配合参加研究的可能性几乎没有。这样的研究对象绝对不可以纳入到研究中来，否则研究只能以失败告终。

研究对象的年龄不限。但是，通常来说，年龄太大的受试的许多能力已经石化，或者说停止进步，因此可以适当考虑年龄较小的受试，他们的适应性和可塑性都较强，各方面处于变化发展的敏感期。受试年龄的选择不是绝对的，一个可以遵循的原则是研究人员所关注的重点，即受试的某种能力应该还处于发展期，有着变化的可能性。

　　以本书前几章的研究案例为例，研究对象除了儿童，就是二十岁左右的在校大学生。他们的共同特点是处于各种能力发展的黄金期和上升期，学习能力强，接受新事物快，所以变化和发展也最有可能在这时候发生。

　　受试的正确选择可以使研究达到事半功倍的效果。比如在笔者（周丹丹，2006）的研究中，我选择的研究对象是英语专业二年级学生，而且这些学生的口语都处于中等水平。更重要的原因是，我的研究目标和学生当时的需求特别吻合。我的研究主要考察学生口头复述故事能力的发展，而在研究进行时，这些学生即将迎来她们的专业四级口试，其中第一项考试任务就是复述故事。因此，我的研究和她们所关注的口语考试密切相关，她们急于在考试前能够获得额外的系统训练，我的研究恰恰提供了这样一个机会。绝大多数学生积极要求参加这个研究，甚至有部分不符合研究对象选择要求的学生也表达了希望参加研究的意愿。为了不打击他们的积极性，我把这些学生也吸纳到研究中来，不过可以在分析数据的时候再加以剔除。因为我的研究正好满足了学生的需求，所以在整个研究过程中，这些学生都非常配合，而且尽可能地去做好每件事。

　　简言之，运用微变化研究法开展研究时，对于研究对象的选择应该慎重。年龄不是决定性因素，关键是受试的能力有发展、变化的可能性。更重要的是，受试应该具有较高的学习积极性和良好的学习动机，在整个研究过程中需要积极配合研究人员，具有团队合作精神。

1.3 研究工具

　　微变化研究所使用的研究工具也应该符合微变化研究的目标和特点。我们知道，微变化研究的目的是能够通过高密度的观察，准确、仔细地描绘出发生着的变化和变化的关键时刻，所以在选择研究工具时的一个主要原则就是这些研究工具能够帮助研究者捕捉到变化的点点滴滴。也就是说，这些研究工具对发生的变化应该具有较强的灵敏度。

　　微变化研究以定性研究为主，但是一般也可以先从定量分析入手，描画出变化和发展的总体趋势。在定量分析时，我们所选择的测量工具应该尽可能地准确、精细，能够精准地反映出所测变量的细微变化。以周丹丹（2006）的研究为例，在确定衡量复述内容的标准时，我使用了 Kroll（1977）的标准。之所以选择这个标准，不仅是因为 Kroll 提供了详细的划分内容要点的标准，而且按照这个标准划分的要点比较细致。按照这个标准，原文 355 字的故事被分成共 54 点，平均 6.5 个单词就是一个内容要点。这样详细的划分可以保证研究者能够将每一个内容要点，也就是平均每 6.5 个单词上发生的变化都仔细地记录下来。不仅如此，每个内容要点的计分也分成三种情况，全对、半对和错误，这样可以避免计分过于笼统。

同样在这个研究中，在决定测量语言准确性的指标时，我也参照和对比了各种测量指标的优缺点，最终选择了"无错误子句与全部子句之比"（Error-free clauses/clauses）。相比较其他的指标，无错误子句比率这个指标具有较多优点。如相比较单纯考虑错误频率的指标（错误总量，准确的子句数量和准确的 T 单位数量等），我选择的无错误子句的比率可以将测量单位（clause）总量出现多寡的情况区分开，以平衡说得越多、错得也越多的情况。之所以选择子句作为衡量单位，因为它比起其他一些单位如 T 单位或者句子等，从长度上来讲要相对短一些，较短的长度使得精细的分析成为可能。再如和只考虑单类错误的指标（过去时、代词或冠词的准确率）相比较，无错误子句比率涵盖了所有的错误类型，能够更全面地反映出各类错误的整体情况。

用于定性研究的工具主要是指回溯性访谈。微变化研究的重点是通过高密度的观察和分析发生着的变化以推断出隐藏在变化后面的更深层的原因。定量分析通常可以描述出变化的趋势，但是这些变化因何发生，定量分析往往无能为力，而需要定性分析来帮助。回溯性访谈就是一种比较实用、有效的定性研究工具，可以帮助研究者透过变化的现象挖掘出变化的实质和原因。

研究人员事先应该做好充分准备。根据自己的研究目标确定访谈的大纲，列出自己需要了解的问题。问题尽量要问得仔细些，不能笼统地让研究对象回答"是"或者"不是"，而应将重点放在"为什么"上面，而且尽量能够让研究对象举出具体的例子来说明对于问题的回答。真正访谈时，以预先准备好的大纲为基础，但是不能拘泥于大纲，可以适当根据研究对象的回答作出调整。对于访谈过程中碰撞出的思想火花，研究人员一定要牢牢抓住，挖掘出研究对象的真实想法。2003 年我在准备博士论文过程中对所有的研究对象进行了访谈，其中一名学生给我留下了深刻的印象，她非常健谈，时不时会冒出一些新奇的想法。在这种情况下，如果我们还是照本宣科，那么访谈必然会失去原有的价值。对于这种受试，我们应该积极鼓励、引导，适时调整我们的访谈问题，可以获得更多有价值的信息。下面是根据当时访谈做的转写，事先准备的问题是："你在第一遍开始讲故事时，有没有遇到什么困难？"其中 A 是研究人员，B 是受试。

A：故事复述好了，你能和我谈谈你在第一遍讲故事时的感受吗？

B：我感觉可能平时说得太少了，然后自己组织起来有点困难。看着自己记下来的单词，我就要把它反应成一句话，感觉有点困难。

A：还有其他困难吗？

B：时态什么的还要兼顾，有点顾此失彼，就像……

A：哦，像……

B：嗯，就像盖一个很短的被子！我把它拉上来了，但是脚又没盖到；把它拉下去了，我头又没盖上。就这种感觉。

A：非常形象！你能举个例子具体说明这种感觉吗？

B：例子？我想想……噢，第一遍讲的时候，我觉得我急急忙忙的，就想着急把听到的内容全部讲出来，其他什么好像都没有注意。刚才听的时候好像挺明白的，等自己讲的时候，连用什么时态都不知道了，只能凭直觉了。原文用的什么时态，还有用的一些难的词和好的句型，我根本没有办法想起来，只能捕捉到大体的意思。我就没有很在意一些词，注意力主要放在了内容上，这个故事怎么发展的。

A：有具体的例子吗？

B：嗯，让我好好想想。

A：没关系，你慢慢想，不着急。

B：哦，有一个例子。现在回想起来，好像原文有句话 "In spite of its name, it is not really 'grand', but it is clean and comfortable"，我讲的时候只顾着把意思说了出来，我应该是这么说的，"Although it's not grand, it's clean and comfortable"。现在想想显然语言没有人家的好，但是当时真的顾不上。我能把内容讲出来就已经很好了。

在以上访谈中，研究人员根据被访谈对象的特点一点点引导她能够把本来比较抽象的说明用具体的例子进行阐述，最后终于回顾起一个比较明确的例子来具体说明刚开始完成任务时注意力资源在内容和语言方面分配的不均衡和顾此失彼，也为后面频次帮助解决这个矛盾打下了基础。

访谈一般需要研究人员和研究对象面对面、一对一的交流。地点应该尽量选择在安静、无人打扰的环境，以便受试能够畅所欲言。时间一定要在任务刚刚结束后，否则研究对象可能会遗忘。如果没有办法在任务结束后马上进行，可以通过情景再现的方式把当时的录音或者录像回放给受试，以帮助受试回忆当时的情景。在我自己的研究（Zhou，2005）中，我就采用了这样的方法。在进行访谈时，我把受试的故事复述的录音全部回放，和受试一起聆听。在出现语言变化的地方暂停下来，让受试解释为什么会有这些改变，当时是怎么考虑的等等。从结果来看，受试所回忆的情景和作出的解释绝大部分都是真实可信的。访谈语言的选择以母语为宜，可以保证交流的顺畅，访谈对象能够更好、更清楚地表达自己的感受。或者由访谈对象选择他们认为合适的语言也可以，特别是英语专业学生，他们可能更愿意同时交替使用英汉两种语言，在两种语言之间来回穿梭。这种语码转化反映了研究对象语言使用的真实状况，因此研究人员应该顺其自然，而不要硬性规定什么时候使用什么语言。

1.4　数据收集

数据收集过程和最终收集到的数据的质量直接相关，因而关系到整个微变化研究的成败。在研究的设计阶段我们就应该对数据收集的整个过程作出周密的考虑和安排。

按照微变化研究法的基本要求，在收集研究数据时，研究人员需要选择恰当的观察周期和较高的观察频率。

观察的周期，也就是数据收集的整个过程，可以是几十分钟，几小时，几天，几个星期或者几个月。以我们在前几章中接触到的研究为例，Siegler 和 Stern（1998）的观察周期长达 8 个星期；也有几天时间的，如朱婧（2003）和周丹丹（2004）的微变化研究部分分别历时三天和一天半；还有更短时间的，如 de Guerrero 和 Villamil（2000）的观察周期为一堂课的几十分钟时间；而周丹丹（2006）的研究所关注的重点也是每位受试听和复述故事若干遍所经历的二、三十分钟。观察时间的长短可以因情况而异，最关键的是观察周期要覆盖变化的全过程。最为理想的安排是：观察开始于变化即将产生之前，结束于被观察行为的变化已经停止，进入了稳定期。

那么如何保证考察的周期能够覆盖变化的全部过程？我们可以借助于小型的先导实验。在进行大规模的正式实验之前，我们可以先安排少量接近受试水平的实验对象预演一遍实验过程，以便发现实验设计中的不足。实验对象的数量不要多，一、两个即可。实验的重点是能够把握到变化发生和结束的周期，因此应该把实验的周期适当放宽，保证研究人员能够观察到变化的整个过程。例如在 Zhou（2005）的研究中所使用的先导实验将复述的频率设为六次。设置这么高的频率，目的就是不遗漏可能发生的变化。根据先导实验的结果，复述内容和语言各个方面的变化在第三次基本达到最高值，然后各方面的变化不再显著或者没有进一步变化，因此可以认为三次是变化从比较明显到趋于平稳的转折点，也就是说，我们可以把接下来的正式研究的频率设为三次。但是，这样做存在一定的风险，因为先导实验的人数较少，因此个体差异可能导致研究结果并不具有代表性。鉴于此，我把正式研究的频率或观察周期增加了一次，最终定为四次。正式的研究结果也表明，三次是频率发挥作用的最佳次数。借助于先导实验，不仅可以在正式研究中较好地确定数据收集的周期，保证观察周期覆盖变化的全部过程，也可以节约研究人员和研究对象的时间和精力，降低研究对象产生疲惫和厌烦情绪的可能。

根据微变化研究法的要求，不仅数据收集的周期要选择恰当，数据收集的密度也需要进行精心考虑。基本的原则是在变化发生的这段时间内，必须保证高频率的观察密度，以捕捉到发生在较短时间内的、相对比较快速的变化。比如 Siegler 和 Stern（1998）的观察频率是每周一次，朱婧（2003）的研究是每半天一次。而其他研究的数据收集密度则相对要高些。比如周丹丹（2006）和 Zhou（2005）在几十分钟的时间内集中观察了研究对象多次，平均每几分钟一次。这是由研究所要考察的重点所决定的。Siegler 和 Stern（1998）考察的是儿童计算能力的发展，这种能力的变化不是一朝一夕就实现的，需要一个相对较长的渐变过程。而周丹丹（2006）考察的是复述同一故事带来的内容和语言方面的变化，这种变化每次复述都会发生，所以数据收集集中在较短的时间里，可以控制其他因素的干扰。当然如果观察频率高的话，每次观察的时间不宜过长。在周丹丹（2006）的研究中，每次复述的时间大约为五分钟左右，这样即使频率高些，研究对象也可以承受。如果是每次需要观察的时间要求比较长，那么，太高的频率显然是不合适的，研究对象很快就会产生厌烦情绪，进而影响数据的质量。比如说 Siegler 和 Stern（1998）的研究对象是儿童，如果每次要求他们做二十道题，而且每天几次的话，这些儿童肯定早就疲惫不堪，研究质量也会大打折扣。因此在这种情况下，频率要适当降低，而观察周期适当延长。

其实，观察周期和频率的选择是相辅相成的。两者缺了任何一方，都无法完成高质量的数据收集。没有适当的观察周期，高频率的观察成了无的之矢，只会使我们徒劳无功；而如果没有高频率的观察，即使观察周期完整，也无法观察到稍纵即逝的变化。

在数据收集的过程中，除了考虑观察周期和频率的问题，还要保证数据收集的全面和详细记录。在选择的每个观察点上，研究人员要将受试的表现尽量详细地记录下来，尽可能地选择多种工具来帮助记录变化的细节。录音、录像和观察笔记这些工具的使用可以帮助研究者将所有的细节多方位地记录下来，以便后面的分析。如果没有全方位的记录，那么变化的过程就会和我们失之交臂，再也无法弥补。

1.5 数据分析

按照微变化研究法的要求，研究过程中数据分析的重点是揭示变化的不同方面。微变化研究通常从以下五个重要的维度来考察变化。它们分别是，路径（path）、速度（rate）、广度（breadth）、变异性（variability）、根源（sources of change）。

所谓路径，指的是在学习或者任务完成过程中，研究对象的行为或者能力变化的顺序和过程。在分析变化路径时，一般采用对比分析各个数据收集点数据的方法，找出变化的内容、过程以及顺序。在 Siegler 和 Stern（1998）的研究中，观察变化路径的一个方面是考察儿童在计算时所用的不同策略在使用频率上的变化，另一方面是不同策略第一次出现的顺序。而 de Guerrero 和 Villamil（2000）的研究具体分析了学生在修改二语作文的过程中，如何借助语言建架行为，使用和调整各种修改策略，顺利完成作文的互改。作者将所有的文本数据根据一定的原则划分为小节，对每一个小节都进行了微变化分析。通过对文本每小节的仔细分析，找出受试所用的和语言建架相关的策略以及这些策略是如何帮助受试修改技能的发展的。在此基础上，通过各个小节间的对比，可以描绘出语言建架行为从任务开始到结束在种类、功能等方面变化发展的过程以及两名受试从生疏到熟练掌握各种策略、修改技巧逐步进步的过程。另外三个国内的研究都是通过对比受试完成每次测试或任务的情况来判断各种语言技能变化发生的过程。例如，朱婧（2003）比较了受试六次阅读理解测试的得分，得出了阅读理解由浅及深、逐步深入的过程，而比较六次词汇测试的分数，揭示了词汇习得整体进步的过程。当然，在说明整体变化趋势的基础上，更重要的是，研究者还需进一步指出每一次变化是如何发生的。变化往往不是一帆风顺的，有前进，也有停滞，甚至后退。只有把每次变化的发生都能够描述出来，变化的复杂过程才能清楚地展现在读者面前。这也是微变化研究所强调的分析数据的重点。

速度指的是变化发生的快慢。在不同的个体中间，在不同的时候，变化的速度往往有快有慢。微变化研究法在研究变化时，变化的速度也是考察的方面之一。在 Siegler 和 Stern（1998）的研究中，作者分析了儿童使用各种策略频率的变化以及这些频率增加的速度，同时作者也分析了不同组的儿童在这些策略使用变化方面的速度快慢。例如，他们发现，儿童使用捷径策略的频率是逐渐增加的，是一个渐进的过程，但是儿童在其他一些策略的使用上表现出更快的变化。同样，周丹丹（2006）在比较频次对于语言各方面的影响时，也分析了这些方面在变化速度上的差异。比如说，在分析输出频率对语言的影响时，作者对比了流利性和准确性进步的快慢。流利性的进步出现得较早，随后的进步幅度逐步放慢。相比较而言，准确性的进步出现得稍迟些。

广度指的是某种概念或者技能应用的范围，也就是研究所总结的概念或技能的概括性和普遍性。Siegler 和 Stern（1998）从策略转移的角度考察了变化的广度。在最后一次实验中，他们给出了新的题型，包括表面上类似逆运算题但实际上不能用同样方法解决的题目。这种方法可以考察儿童在不熟悉的题型上归纳使用捷径策略的能力，测试已发现策略在新的环境中的使用情况。Zhou（2005）也运用了后测试的方法检验了在频率作用影响下所发生的语言形式各方面的变化是否可以保持到一周以后。虽然两个研究使用的最后测试有区别，即 Siegler 和 Stern（1998）使用了新题型，而 Zhou（2005）仍然沿用了同样的测试内容，但是，两者共同遵守的理念是一致的，都是为了检验已经发生了的变化的普遍性。研究变化的普遍性对于揭示变化的本质和意义极其重要。

微变化研究所关注的数据分析的另外一个要素是变异性。变异性指的是在以上三个维度上的个体差异。群体数据分析只能让研究者注意群体的典型行为，而事实上群体表现的规律不仅掩盖了个体差异，而且掩盖了个体行为本身的不稳定性，所以注重分析个体变异性可以更加深入地说明变化的复杂性。Siegler 和 Stern（1998）的研究分析和比较了两组儿童使用策略的种类、频率以及速度等等，说明了不同组之间的区别。而周丹丹（2006）的研究则更为细致，对于和群体趋势有差异的个体都一一进行了分析，充分展示了个体差异，由此揭示了变化的复杂性和多元性。

根源指的是变化的原因，是微变化研究法所注重分析的变化的最后一个方面。微变化研究法的一个主要贡献就是它能够识别出变化发生的最可能的原因，进而能够解释变化发生的条件。通过科学的研究设计，可以最大限度地控制好变量，分析出变化的原因。Siegler 和 Stern（1998）将研究对象分成逆运算组和混合题组并且分析了两组发现和使用策略的不同。根据这些不同点，可以分析出在运算过程中策略使用的变化主要是取决于计算的题型，逆运算题组的清一色逆运算题型比混合题组的混合题型更能激活捷径策略的使用。周丹丹（2006）对比了输入和输出频率对故事复述内容和语言方面的影响，说明了由于频率作用本身的差别而导致的发生变化的不同。但是，更加细致的分析还得依赖于对于每次变化的原因的分析。例如，在周丹丹（2006）的研究中，作者让每位受试将每个出现的变化进行了解释，从更加微观的角度去阐述了变化发生的不同原因。具体做法是研究人员将每位受试的口语录音重新播放给受试听，遇到有变化发生的地方，研究人员暂停录音，让受试仔细回顾当时的情境，揭示为什么会产生这些变化。

以上从数据分析的范围出发，详细说明了使用微变化研究法时应注意分析和说明的变化的各个方面。从数据分析的性质来看，微变化研究所采用的数据分析方法可以分为定量和定性两种，并且以定性分析为主。通常，定量分析只能大概描述出变化的趋势、速度和广度。至于更加细致的分析则需要定性分析来完成。例如，确定和识别变化的内容，划分变化的种类，描述变化的过程，总结变化的个体特征以及原因等等，都需要定性的数据分析。其实，在数据分析过程中，定量和定性分析相辅相成，一直贯穿于数据分析的整个过程。虽然它们在分析变化的不同方面有着各自的优势，但是具体分析变化的各个方面时，都应该注意将定量和定性分析相结合，从宏观和微观的不同角度来揭示变化的本质。

1.6 结果汇报和讨论

结果汇报和讨论应该结合研究者的研究问题以及上面数据分析所涉及的变化的各个方面来一一将研究发现进行汇报和讨论。在汇报和讨论变化的路径时，除了可以利用表格把各个观察阶段的测试结果用数字的形式列举出来，还有一个重要的工具可以利用，那就是图形。图形可以帮助读者更加直观地了解变化的过程和趋势，比任何语言都要简洁明了。在以注重描述变化的微变化研究中，通常可以使用的图形包括折线图和柱状图，这些图形将每个观察点的数据进行统计并且通过图形大小或者上下的变化将各个点之间的差异进行直观的比较，从而能够将变化的过程和整体趋势直接地呈现给读者。Siegler 和 Stern（1998）利用了柱状图来说明儿童使用的各种策略在频率上的变化。朱婧（2003）则使用了折线图来表现每次增加的输入频次对阅读理解和词汇习得的影响。鉴于图形具有的优势，我们在汇报结果时，应该考虑科学、有效地加以利用。

在汇报和讨论变化的速度和广度时，同样可以依靠定量分析得出的数字结果先将变化的概况总结出来，然后再利用定性分析的结果举例具体说明在速度和广度方面，变化是如何发生的，并且进一步说明导致这些变化的原因。例如周丹丹（2006）比较了输出频率影响下的流利性和准确性在进步速度上的差异。流利性的最大进步出现在从第一次输出的 121.83 到第二次的 136.81，一下子增加了近 15 个单位音节。随后的进步速度逐步放慢，从第二次 136.81 到第三次的 141.41 和第三次 141.41 到第四次的 142.49，每次进步只有 4 个和 1 个音节。相比较而言，准确性的最大进步出现在从第二次输出的 58.56% 到第三次输出的 66.52%，上升近 8 个百分点，比起第一次到第二次增加的 2 个百分点，进步要明显得多。作者进而分析了造成这一差别的原因，因为流利性和准确性的本质相去甚远。流利性的进步是语言自动化的结果。作为一种程序性知识，流利性的获得不需要刻意的注意和努力，所以即便在刚刚开始重复时，流利性并不因为注意力的短缺而受到影响。相反，语言准确性的提高需要学习者有目的的注意和努力，因此它的进步由于受到注意力资源的限制，要慢一些。只有当重复输出增加到一定程度，注意力资源竞争的矛盾相对缓和时，准确性才可能得到发展的空间。

至于变化的变异性和根源，研究汇报的主要是定性分析的结果，而且有关变异性和原因的汇报一直穿插在有关变化另外方面的汇报之中。也就是说，在汇报和讨论变化的路径、速度和广度时，关于变异性和变化原因的分析也一直贯穿始终。只有结合这种细致和深入的定性分析才能突出微变化研究的特点，研究也更具深度。

定性分析结果的汇报主要可以从两方面加以考虑：一是变化的典型例子；二是相关访谈的内容。例如在说明个体差异时，我们可以利用具体的例子来说明差异表现在什么地方，也可以利用采访不同研究对象的结果来找到导致这些差异的深层原因。至于变化的根源的讨论，则需要依赖于在宏观层面上的理论解释或者是微观层面上的研究对象的自我汇报。语言产出文本本身和访谈中来自研究对象话语的直接引用都是我们在汇报研究结果时可以利用的最好的研究资料。

例如在周丹丹（2004，2006）中，作者都充分利用了根据受试每次复述转写下来的文本来描述受试在口语内容和语言形式各方面的进步。而且作者也注意运用访谈的相关内容来解释变化发生的原因。如周丹丹（2006）讨论输入频次对平衡内容和语言形式的发展所起的作用时，作者直接引用了受试在访谈时的原话："一开始在第一、二遍时，只注意听故事的内容，它的来龙去脉，但是后来，我就会更加注意他（故事叙述者）是怎么讲的。注意他的表达，他是用什么方式讲出来的。"经过受试谈论自己的亲身经历，我们对于输入频率为何引起语言形式的变化有了更深入的了解。

　　总而言之，汇报和讨论结果时，应该根据微变化研究所注重分析的变化的方方面面，将定量和定性分析的结果一一展示出来，并且将重点放在定性分析的结果上，发掘变化的本质，发挥微变化研究的优势。

2. 微变化研究法的应用前景

　　作为传统的横向和纵向研究法的有益补充，微变化研究法正在被越来越多的研究人员所重视，它在语言学领域的运用也逐步兴起。首先在社会语言学领域，一些属于微观社会语言学范畴的应用研究运用微变化研究法探讨了语言学习者之间的交际和互动是如何帮助语言学习的（如 Brooks，Donato & McGlone，1997；Donato，1994；Ohta，2000，2001）。这些研究运用微变化研究法详细地记录了学习者之间交流的细节，以及他们如何使用各种学习策略，如何互相帮助，如何最终在目的语运用的某些方面取得进步和发展。本书第四章介绍的 de Guerrero 和 Villamil（2000）的研究就是一个典型的运用微变化研究法来讨论社会语言学所关注的问题的范例。我们在未来的研究中，也可以运用社会语言学的基本理论，使用微变化研究法所强调的定性分析来记录和分析在真实的交际过程中，交流的双方或者多方是如何互动，达到交流的目的以及交际过程中自我形象、意识形态等的构建等等，这些课题都是语言学研究领域关注的焦点。比如说，传统的有关意义协商（negotiation of meaning）的研究发现了不同的意义协商的种类和使用频率等等，但是这些不同的方式是如何帮助交流者达到交际的目的，帮助学习者达到学习的目的，这个过程大部分研究没有深入去探讨。未来的研究可以借助微变化研究法在纵深的方向考虑将此类研究更加细化和深化。同样，在外语教学中，我们也可以设计一些研究项目，分析教师和学生的课堂用语和交流的过程，更好地了解和提高我们的课堂交流效果。

对于目前逐步涌现的基于语用学理论的实证研究，微变化研究法也是大有用武之地。微变化研究法可以帮助刻画出语用能力发展的特点和规律。小到称呼语（Belz & Kinginger，2002）或者手势的使用（McCafferty，2002），大到整体语用能力的发展（Kim & Hall，2002），微变化研究都可以从全新的角度去研究和揭示语用能力发展和变化的过程和实质。将来在语用能力发展这个大课题上，可以考虑使用微变化研究法设计一些微型研究，从微观的角度去观察二语学习者掌握某项语用能力的过程，研究对象可以是儿童，也可以是成人，但是用来考察的语用现象必须是研究对象尚未掌握或者尚未完全掌握的。如对于幽默的语用理解、对于安慰语的使用等等，都是我们中国英语学习者的弱项，如何掌握这些语用知识，如何加强使用这些知识的适切性，学习者在掌握和学习这些知识的过程中，经历了哪些环节，运用了哪些策略……通过精心的微变化研究设计，这些问题都可以找到满意的答案。

当然在语言学的其他领域，如心理语言学的研究，也可以尝试使用微变化研究法来解决一些我们长久以来一直关心的问题。心理语言学关注的是理解和产出语言时的心理过程。心理过程看不见，摸不着，虽然可以借助仪器设备来甄别，但主要还是通过可以直接观察到的现象和行为来推测发生了什么。在某种层面上讲，微变化研究法所强调的理念和心理语言学所关注的问题是一致的，两者都注重语言学习过程中所发生的变化。因此，在未来的研究中，我们也可以利用心理语言学的原理，设计一些研究项目，从微观变化的角度来探究语言学习的心理过程。具体的研究课题可以从以下几个方面考虑。首先，研究人员可以设计一些受试没有接触过或者掌握好的语言点和单项技能，然后通过微变化的方法，让受试多次接触这些或者这类输入，观察输入最终能否转化为吸入以及转化的条件等等。同样，对于语言的输出过程中到底发生了什么，我们也可以设计一些个案的研究来回答这一问题。对于个体输出语言过程的详细观察、记录和分析可以帮助我们了解词汇、语块、句子、段落甚至整个篇章的组织过程，这对揭示语言产出的心理过程有着重大的启示作用。最后，我们还可以利用微变化研究法来研究语言理解和产出过程中注意力的作用。什么样的输入能够被注意到，注意到的输入是否总能变成吸入等等，这些问题都值得去思考和研究。而且人的注意力资源是有限的，我们可以研究在理解和产出语言的过程中，注意力是如何分配和使用的，注意力是否可以转移以及如何转移等等。

上面简单讨论了微变化研究法在语言学各个领域中可以考虑的研究方向和项目。下面，笔者将重点以二语习得领域的研究来说明微变化研究法在未来应用语言学研究中的应用前景。

2.1 纠错研究

在第二语言学习中，犯错误是难免的，关键是如何意识到错误并且加以改正。有研究表明，对错误的适当纠正有益于语言的习得（如 Ramirez & Stromquist, 1979；Spada & Lightbown, 1993；White, 1991），所以我们在教学过程中应该充分意识到纠错的重要，并且在合适的时候运用适当的方法去纠错。在设计微变化研究项目时，我们选择的研究目标要明确、具体，最好是我们中国英语学习者较为常见的错误或掌握起来有较大困难的语言点，这样对我们的英语教学帮助较大。如在语音方面，有些学生 /l/、/n/ 不分，有些发 /θ/、/ð/ 音时存在较大困难。在语法方面，过去时的使用、第三人称他、她不分等等，这些常见的错误可以成为我们研究的内容。在设计纠错的研究项目时，我们还应该注意选择的研究重点不宜太多，一次一个重点即可，否则具体而全面的观察难以完成。

在具体操作时，我们可以选择在某些方面容易出错的几个研究对象进行高频率、有针对性的练习，比如说可以每天一次，每次半小时左右。练习内容精心设计，练习的内容涵盖研究重点的方方面面。如果研究重点是语音，那么我们可以从音素、单词、短语、句子、段落等方面提供全面的练习。同样，语法练习也要以单句、独白、对话等各种形式展开。无论是何种形式的练习，关键是每个受试的练习必须单个进行，每次练习之后需要进行访谈。研究者一定要逐人、逐次、逐点地记录练习的全过程，并且全程录音或者录像。这样注重细节和过程的研究才称得上是真正意义上的微变化研究。

2.2 微型语言技能习得研究

二语习得的过程涉及各种二语技能的掌握和进步。从大的方面讲，听、说、读、写是学习者需要掌握的四大技能。从小的方面讲，任何一个语言点都可以看成是一种小的语言技能。比如词汇，像冠词、介词的准确运用；句子的组织，如各种从句的使用等等，所有这些都属于语言技能的范畴。而微变化研究关注的正是这些比较具体的语言技能。

假设我们运用微变化研究法设计一个研究项目来研究学习者使用冠词能力的提高，我们可以事先设计好一系列的练习，比如填空、改错、判断正误等多种形式，尽量能够涉及到各类冠词在不同语言情境下的各种用法。然后选择合适的受试，最好是还未正式接触冠词系统用法的初学者，让受试每天或者隔天在研究人员在场的情况下，独立完成规定的练习。经过一个月左右的时间，受试在冠词使用上的进步和变化经过研究人员的完整记录就可以显现出来了。

2.3 频次效应研究

微变化研究的一个重要特点是高频度地观察研究对象多次重复尝试某一技能或者任务的过程，就其实质而言，和频次作用研究的本质是完全吻合的，两者都是考察频次对二语习得的作用。频次作用是近年国际二语习得领域的研究热点之一。国际著名应用语言学杂志 *Studies in Second Language Acquisition* 在 2002 年专门出版了一期专刊，用来讨论频次对二语习得的作用。众多学者对此发表了自己的看法，如 Ellis（2002）、Gass 和 Mackey（2002）、Hulstijn（2002）和 Larsen-Freeman（2002）都从不同的角度阐述了频次的重要性，强调了频次作用在二语习得理论中的重要地位。

但遗憾的是，这些探讨都只限于理论的阐述，相关的实证研究却并不多见。国外有关频次作用的研究的起步相对较早，这些研究考察了频次对二语听、说、写、词汇等各种技能的影响（Bygate，1996；Chen & Truscott，2010；Durrant & Schmitt，2010；Jensen & Vinther，2003；Rott，1999），国内目前已经开展的研究主要涉及的技能包括听说（Zhou，2005；周丹丹，2006）和词汇

（Zhou，2006；Zhu，2003）。未来的研究可以将研究范围扩大到语音（陈桦、孙欣平，2010）、阅读（戴劲，2007）和写作能力（贝晓越，2009），尤其是频次对写作能力的影响。频次作用其实和二语写作教学中一贯强调的反复修改和多稿写作的理念是不谋而合的。俗话说，好文章是改出来的。对写作过程的研究也表明写作具有循环和反复的特征（Charles，1990：286）。其实，修改就是对原稿的重新写作，和频次作用所强调的重复练习是完全一致的。

利用微变化研究法研究频次作用时，通常让受试在较短的时间段内反复尝试同一技能的操练。以写作技能为例，可以让受试将自己的第一稿作文修改两到三次，通过对比前后的几稿，分析作文的进步体现在哪些方面。如果研究频次作用对其他技能的影响，大致步骤都是相近的，关键是研究者必须精心记录、详细分析频次的每次增加所引起的各种变化。

2.4 对话分析

对话是人们使用语言互动的基本方式，对话分析能够揭示语言使用的机制。但是因为数据收集和分析的繁琐、复杂，对话分析长期没有受到应有的重视。这种忽视导致了这一领域研究的严重缺失。运用微变化研究法可以在方法论的基础上改进对话分析主要依赖静态话语分析的传统方式，具体记录讨论对话过程中的动态过程。一个比较具体的研究方向可以是对话中的协同原则的运用。协同指的是对话双方相互协调，自动对焦，不断构建相互趋同的情境模式（Pickering & Garrod，2004）。协同体现在对话过程的不同层面上，如情境的协同、句法的协同以及词汇的协同等等。运用微变化研究法可以详细分析对话过程中发生在不同层面上细微而复杂的协同过程。协同是一个动态过程，因此，只有全面、细致地记录和分析才能描述出其中发生的种种变化。微变化研究法正是在此点上具有传统话语分析不具备的优势，即强调动态跟踪、全面记录以及细致分析。如果在今后的对话分析中恰当使用微变化研究法，一定可以从更深入、细致的角度来解释对话的运作机制。

3. 总结

本书在最后一章总结了微变化研究法实施过程中所需注意的各个环节和未来研究的方向。本书介绍的实施微变化研究法的注意事项只是根据以往研究总结出来的一般规律，如何在我们自己设计的研究中有效实施还应该视具体情况而定。值得注意的是，微变化研究法的使用比较灵活，它既可以用来设计一个完整的研究，也可以作为另外一些研究项目的有益补充。所以，在我们进行一些大型研究项目的同时，可以利用微变化研究方法就某一研究重点进行更深入、细致的探讨，使研究在广度和深度上都有所突破。另外，本章所列的未来研究方向也没有穷尽所有，期盼我们的研究人员根据微变化研究法的特点创造性地使用它，发挥其内在优势，展现其应有的魅力。

参考书目

Adolph, K. E. 1997. Learning in the development of infant locomotion. *Monographs of the Society for Research in Child Development, 62* (Serial No. 251).

Alibali, M. W., & S. Goldin-Meadow. 1993. Gesture-speech mismatch and mechanisms of learning: What the hands reveal about a child's state of mind. *Cognitive Psychology, 25*: 468-523.

Anderson, J. R. 1982. Acquisition of cognitive skill. *Psychological Review, 89*: 369-406.

Anderson, J. R. 1989. Practice, working memory and the ACT* theory of skill acquisition: A comment on Carlson, Sullivan, and Schneider. *Journal of Experimental Psychology: Learning, Memory, and Cognition, 15*: 527-530.

Anderson, J. R. 1992. Automaticity and the ACT* theory. *American Journal of Psychology, 105*: 165-180.

Anton, M., & F. DiCmilla. 1998. Socio-congnitive functions of L1 collabortive ineration in the L2 classroom. *Canadian Modern Language Review, 54*: 312-342.

Arevart, S., & P. Nation. 1991. Fluency improvement in a second language. *RELC Journal, 22(1)*: 84-95.

Belz, J. A., & C. Kinginger. 2002. The cross-linguistic development of address form use in telecollaborative language learning: Two case studies. *Canadian Modern Language Review, 59 (2)*: 189-214.

Berk, L. E., & A.Winsler.1995. *Scaffolding Children's Learning. Aygotsky and Early Childhood Education.* Washington, DC: National Sssociation for the Education of Young Children.

Bisanz, J., & J. LeFevre. 1990. Mathematical cognition: Strategic processing as interactions among sources of knowledge. In D. F. Bjorklund (Ed.), *Children's Strategies: Contemporary Views of Cognitive Development* (pp. 213-244). Hillsdale, NJ: Erlbaum.

Bjorklund, D. F., T. R. Coyle, & J. F. Gaultney. 1992. Developmental differences in acquisition and maintenance of an organizational strategy: Evidence for the utilization deficiency hypothesis. *Journal of Experimental Child Psychology, 54*: 434-438.

Bowers, K. S., G. Regher, C. Balthazard, & K. Parker. 1990. Intuition in the context of discovery. *Cognitive Psychology, 22*: 72-110.

Bray, N.W., D. Saarnio, J. M. Borges, & L.W. Hawk. 1994. Intellectual and developmental differences in external memory strategies. *American Journal on Mental Retardation, 99*: 19-31.

Brooks, F. B., & R. Donato. 1994. Vygotskyan approaches to understanding foreign language learner discourse during communicative tasks. *Hispania, 77*: 261-274.

Brooks, F. B., R. Donato, & J. V. McGlone. 1997. When are they going to say "it" right? Understanding learner talk during pair-work activity. *Foreign Language Annals, 4*: 635-652.

Bruner, J. 1978. The role of dialogue in language acquisition. In S. R. J. Jarvella & W. J. M. Levelt (Eds.), *The Child's Conception of Language* (pp. 214-256). New York: Max-Plank-Institut for Psycholinguistik.

Bygate, M. 1996. Effects of task repetition: Appraising the developing language of learners. In J. Willis & D. Willis. (Eds.), *Challenge and Change in Language Teaching* (pp. 136-146). London: Heinemann.

Bygate, M. 1999. Task as context for the framing, reframing and unframing of language. *System, 27*: 33-48.

Carroll, W. L. 1999. *Psychology of Language* (3rd ed.). Brooks: Cole Publishing Company.

Charles, M. 1990. Responding to problems in written English using a student self-monitoring technique. *ELT Journal, 44(4)*: 286-293.

Chen, C., & J. Truscott. 2010. The effects of Repetition and L1 lexicalization on incidental vocabulary acquisition. *Applied Linguistics, 31(5)*: 693-713.

Cook, G. 1994. Repetition and learning by heart: An aspect of intimate discourse, and its implications. *ELT Journal, 48*: 133-141.

Coyle, T. R., & D. F. Bjorklund. 1997. Age differences in, and consequences of, multiple- and variable-strategy use on a multitrial sort-recall task. *Developmental Psychology, 33*: 372-380.

Crookes, G. 1989. Planning and interlanguage variation. *Studies in Second Language Acquisition, 11*: 367-383.

De Bot, K. 2008. Introduction: second language development as a dynamic process. *The Modern Language Journal, 92*: 166-178.

De Guerrero, M. C. M., & O. S. Villamil. 2000. Activating the ZPD: Mutual scaffolding in L2 peer revision. *The Modern Language Journal, 84*: 51-68.

DeKeyser, R. M. 2001. Automaticity and automatization. In P. Robinson (Ed.), *Cognition and Second Language Instruction* (pp. 125-151). New York: Cambridge University Press.

Donato, R. 1994. Collective scaffolding in second language learning. In J. P. Lantolf & G. Appel. (Eds.), *Vygotskian Approaches to Second Language Research* (pp. 36-56). Norwood, NJ: Ablex.

Dunn, W. E., & J. P. Lantolf. 1998. Vygotsky's zone of proximal development and Krashen's i+1: Incommensurable constructs; incommensurable theories. *Language Learning, 48*: 411-422.

Durrant, P., & N. Schmitt. 2010. Adult learners' retention of collocations from exposure. *Second Language Research, 26(2)*: 163-188.

Ellis, N. C. 2002. Frequency effects in language processing: A review with implications for theories of implicit and explicit language acquisition. *Studies in Second Language Acquisition, 24*: 143-188.

Ellis, R. 2002. Does form-focused instruction affect the acquisition of implicit knowledge? A review of the research. *Studies in Second Language Acquisition, 24*: 223-236.

Ericsson, K. A., & H. A. Simon. 1993. *Protocol Analysis* (rev. ed.). Cambridge, MA: MIT Press.

Eubank, L., & K. R. Gregg. 2002. News flash—Hume still dead. *Studies in Second Language Acquisition, 24*: 237-247.

Foster, P., & P. Skehan. 1996. The influence of planning and task type on second language performance. *Studies in Second Language Acquisition, 18*: 299-323.

Gass, S. M., & A. Mackay. 2002. Frequency effects and second language acquisition. *Studies in Second Language Acquisition, 24*: 249-260.

Gass, S., A. Mackey, M. J. Alvarez-Torres, & M. Fernandez-Garcia. 1999.The effects of task repetition on linguistic output. *Language Learning, 49(4)*: 549-581.

Gatbonton, E., & N. Segalowitz. 1988. Creative automatization: Principles for promoting fluency within a communicative framework. *TESOL Quarterly, 22(3)*: 473-492.

Geary, D. C.1990. A componential analysis of an early learning deficit in mathematics. *Journal of Experimental Child Psychology, 49*: 163-383.

Geary, D. C.1995. *Children's Mathematical Development*. Washington, DC: American Psychology Association.

Geert, P. V. 2008. The dynamic systems approach in the study of L1 and L2 acquisition: An introduction. *The Modern Language Journal, 92*: 179-199.

Granott, N. 1993. Patterns of interaction in the co-construction of knowledge: Separate minds, joint effort, and weird creatures. In R. Wozniak & K. W. Fischer (Eds.), *Development in Context: Acting and Thinking in Specific Environments* (Vol. 2, pp. 183-207). Hillsdale, NJ: Erlbaum.

Granott, N. 1998. A paradigm shift in the study of development: Essay review of *Emerging Minds* by R. S. Siegler. *Human Development, 41*: 360-365.

Granott, N., & J. Parziale. 2002. *Microdevelopment: Transition Processes in Development and Learning*. Cambridge: Cambridge University Press.

Guerrero, M. C. M. de, & O. S.Villamil. 1994. Socialcognitive dimensions of interaction in L2 peer revision *Modern Language Journal, 78*: 484-496.

Harrington, M., & S. Dennis. 2002.Input-driven language learning. *SSLA, 24*: 261-268.

Hieke, A. E. 1981. Audio-lectal practice and fluency acquisition. *Foreign Language Annals, 14(3)*: 189-194.

Horst, M., & P. Meara. 1999. Test of a model for predicting second language lexical growth through reading. *Canadian Modern Language Review, 56(2)*: 308-328

Huckin, T., & J. Coady. 1999. Incidental vocabulary acquisition in a second Language. *Studies in Second Language Acquisition, 21*: 181-193.

Hulstijn, J. H. 1992. Retention of inferred and given word meanings: Experiments in incidental vocabulary learning. In P. Arnaud & H. Bejoint (Eds.), *Vocabulary and Applied Linguistics* (pp. 113-125). London: Macmillan.

Hulstijn, J. H. 2002. What does the impact of frequency tell us about the language acquisition device? *Studies in Second Language Acquisition, 24*: 269-273.

Inhelder, B., E. Ackerman-Vallado, A. Blanchet, A. Karmiloff-Smith, H. Kilcher-Hagedorn, J. Montagero, & M. Robert. 1976. The process of invention in cognitive development: A report of research in progress. *Archives de Psychologie, 171*: 57-72.

Isaak, M. I., & M. A. Just. 1995. Constraints on thinking in insight and invention. In R. J. Sernberg & J. E. Davidson (Eds.), *The Nature of Insight* (pp. 281-325). Cambridge, MA: MIT Press.

Jensen, E. D., & T. Vinther. 2003. Exact repetition as input enhancement in second language acquisition. *Language Learning, 53(3)*: 373-428.

Karmiloff-Smith, A. 1992. *Beyond Modularity: A Developmental Perspective on Cognitive Science*. Cambridge, MA: MIT Press.

Kim, D., & J. K. Hall. 2002. The role of an interactive book reading program in the development of second language pragmatic competence. *The Modern Language Journal, 86*: 332-348.

Kormos, J. 2000. The role of attention in monitoring second language speech production.

Language Learning, 50(2): 343-384.

Krashen, S. D. 1982. *Principles and Practice in Second Language Acquisition.* Oxford: Pergamon Press.

Krashen, S. D. 1989. We acquire vocabulary and spelling by reading: Additional evidence for the Input Hypothesis. *The Modern Language Journal, 73(4)*: 440-464.

Kroll, B. 1977. Combining ideas in written and spoken English: A look at subordination and co-ordination. In E. Ochs & T. Bennett (Eds.), *Discourse across Time and Space.* Southern California Occasional Papers in Linguistics, No. 5.

Kuhn, D., E. Amsel, & M. O'Laughlin. 1998. *The Development of Scientific Thinking Skills.* San Diego, CA: Academic Press.

Kuhn, D., M. Garcia-Mila, A. Zohar, & C. Andersen. 1995. Strategies of knowledge acquisition. *Monographs of the Society for Research in Child Development, 60* (Serial No. 245).

Kuhn, D., L. Schauble, & M. Garcia-Mila. 1992. Cross-domain development of scientific reasoning. *Cognition and Instruction, 9(4)*: 285-327.

Lado, R. 1957. *Linguistics Across Cultures.* Ann Arbor: University of Michigan Press.

Lantolf, J. P., & A. Aljaafreh. 1995. L2 learning in the zone of proximal development: A revolutionary experience. *International Journal of Educational Research, 23(7)*: 51-64.

Larsen-Freeman, D. 1997. Chaos/Complexity science and second language acquisition. *Applied Linguistics, 18*: 141-165.

Larsen-Freeman, D. 2002. Making sense of frequency. *Studies in Second Language Acquisition, 24*: 275-285.

Lidz, C. S. 1991. *Practitioner's Guide to Dynamic Assessment.* New York: Guiford Press.

Litowitz, B. E. 1993. Deconstructions in the zone of proximal development. In E. Forman, N. Minick, & C. A. Stone (Eds.), *Contexts for Learning: Sociocultural Dynamics in Children's Development* (pp.184-196). New York: Oxford University Press.

Mason, B., & S. Krashen. 1997. Extensive reading in English as a foreign language. *System, 25(1)*: 91-102.

Maurice, K. 1983. The fluency workshop. *TESOL Newsletter, 17(4)*: 29.

McCafferty, S. G. 2002. Gesture and creating zones of proximal development for second language learning. *The Modern Language Journal, 86*: 192-203.

McClelland, J. L. 1995. A connectionist perspective on knowledge and development. In T. Simon & Halford (Eds.), *Developing Dognitive Competence: New Approaches to Process Modeling* (pp. 157-204). Hillsdale, NJ: Erlbaum.

Miller, P. H., & P. Aloise-Young. 1996. Preschoolers' strategic behaviors and performance on a same-different task. *Journal of Experimental Child Psychology, 60*: 284-303.

Miller, P. H., & T. R. Coyle. 1999. Developmental change: Lessons from microgenesis. In E. K. Scholnick, K. Nelson, S. A. Gelman & P. H. Miller (Eds.), *Conceptual Development: Piaget's Legacy.* London: Lawrence Erlbaum Associates Publishers.

Nation, I. S. P. 1989. Improving speaking fluency. *System, 17*(3): 377-384.

Newell, A., & P. S. Rosenbloom. 1981. Mechanisms of skill acquisition and the law of practice. In J. R. Anderson (Ed.), *Cognitive Skills and their Acquisition.* Mahwah, NJ: Erlbaum, 1-55.

Nystrand, M. 1986. Learning to write by talking about writing: A summary of research on intensive peer review in expository writing instruction at the University of Wisconsin-Madison. In M. Nystrand (Ed.), *The Structure of Written Communication* (pp.17-211). Orlando, FL: Scademic.

Ohlsson, S. 1992. Information-processing explanations of insight and related phenomena. In M. Keane & K. Gilhooley (Eds.), *Advances in the Psychology of Thinking* (pp. 1-44). London: Harvester-Wheatsheaf.

Ohta, A. S. 1995. Applying sociacultural theory to an analysis of learner discourse: Learner-Learner collaborative interaction in the zone of proximal development. *Issues in Applied Linguistics, 6(2)*: 93-121.

Ohta, A. S. 2000. Rethinking interaction in SLA: Developmentally appropriate assistance in the zone of proximal development and the acquisition of L2 grammar. In J. Lantolf (Ed.), *Sociocultural Theory and Second Language Learning* (pp. 51-78). New York: Oxford University Press.

Ohta, A. S. 2001. *Second Language Acquisition Processes in the Classroom: Learning Japanese.* Mahwah, NJ: Lawrence Erlbaum Associates, Publishers.

Ortega, L. 1999. Planning and focus on form in L2 oral performance. *Studies in Second Language Acquisition, 21*: 109-148.

Ortega, L., & G. Iberri-Shea. 2005. Longitudinal research in second language acquisition: recent trends and future directions. *Annual Review of Applied Linguistics, 25*: 26-45.

Paribakht, T. S., & M. Wesche. 1997. Vocabulary enhancement activities and reading for meaning in the second language vocabulary acquisition. In J. Coady & T. Huckin (Eds.), *Second Language Vocabulary Acquisition* (pp. 174-200). Cambridge: Cambridge University Press.

Paribakht, T. S., & M. Wesche. 1999. Reading and "incidental" L2 vocabulary acquisition. *Studies in Second Language Acquisition, 21*: 195-224.

Perin, D. 2002. Repetition and the informational writing of developmental students. *Journal of Developmental Education, 26(1)*: 2-7.

Piaget, J. 1967. *Six Psychological Studies*. New York: Vintage Books.

Pickering, M. J., & S. Garrod. 2004. Toward a mechanistic psychology of dialogue. *Behavioral and Brain Sciences, 27(2)*: 1-22.

Pitts, M., H. White, & S. Krashen. 1989. Acquiring second language vocabulary through reading: A replication of the Clockword Orange study using second language acquirers. *Reading in a Foreign Language, 5(2)*: 271-275.

Platt, E., & F. B. Brooks. 2002. Task engagement: A turning point in foreign language development. *Language Learning, 52(2)*: 365-400.

Pressley, M. 1992. How not to study strategy discovery. *American Psychologist, 47(10)*: *1240-1241*.

Ramirez, A., & N. Stromquist. 1979. ESL methodology and student language learning in bilingual elementary school. *TESOL Quarterly, 13*: 145-158.

Richards, J. C., J. Platt, & H. Platt (Eds.). 2000. *Longman Dictionary of Language Teaching & Applied Linguistics (English-Chinese ed.)*. Beijing: Foreign Language Teaching and Research Press.

Rommetveit, R. 1985. Language acquisition as increasing linguistic structuring of experience and symbolic behavior control. In J. Wertsch (Ed.), *Culture, Communication and Cognition: Vygotskyan Perspectives* (pp.183-204). Cambridge: Cambridge University Press.

Rott, S. 1999. The effects of exposure frequency on intermediate language learners' incidental vocabulary acquisition and retention through reading. *Studies in Second Language Acquisition, 21*: 589-619

Saxe, G. B., S. R. Guberman, & M. Gearhart. 1987. Social processes in early number development. *Monographs of the Society for Research in Child Development, 52*: 212-216.

Schachter, J. 1983. A new account of language transfer. In S. Gass & L. Selinker (Eds.), *Language Transfer in Language Learning*. Rowley: Newbury House.

Schauble, L. 1990. Belief revision in children: The role of prior knowledge and strategies for generating evidence. *Journal of Experimental Child Psychology, 49*: 31-57.

Schauble, L. 1996. The development of scientific reasoning in knowledge-rich contexts. *Developmental Psychology, 32*: 102-119.

Schmidt, R. 1992. Psychological mechanisms underlying second language fluency. *SSLA, 14*: 357-385.

Scholnick, E. K., K. Nelson, S. A. Gelman, & P. H. Miller. 1999. *Conceptual Development: Piaget's Legacy.* London: Lawrence Erlbaum Associates Publishers.

Sharwood Smith, M. 1979. Strategies, language transfer and the stimulation of the second language learner's mental operations. *Language Learning, 29*: 345-361.

Shimojo, S., J. Bauer., K. M. O'Connell, & R. Held. 1986. Pre-stereoptic binocular vision in infants. *Vision Research, 26*: 501-510.

Siegler, R. S. 1987a. The perils of averaging data over strategies: An example from children's addition. *Journal of Experimental Psychology: General, 116*: 250-264.

Siegler, R. S. 1987b. Strategy choices in subtraction. In J. Sloboda & D. Rogers (Eds.), *Cognitive Process in Mathematics* (pp. 81-106). Oxford, England: Oxford University Press.

Siegler, R. S. 1995. How does change occur: A microgenetic study of number observation. *Cognitive Psychology, 28*: 225-273.

Siegler, R. S. 1996. *Emerging Minds: The Process of Change in Children's Thinking.* New York: Oxford University Press.

Siegler, R. S. 2002. Microgenetic studies of self-explanation. In N. Granott & J. Parziale (Eds.), *Microdevelopment: Transition Processes in Development and Learning* (pp. 31-58). Cambridge: Cambridge University Press.

Siegler, R. S., & C. Shipley. 1995. Variation, selection, and cognitive change. In T. Simon & G. Halford (Eds.), *Developing Cognitive Competence: New Approaches to Process Modeling* (pp. 315-353). Hillsdale, NJ: Erlbaum.

Sielger, R. S., & E. Jenkins. 1989. *How Children Discover New Strategies.* Hillsdale, NJ: Erlbaum.

Siegler, R. S., & E. Stern. 1998. Conscious and unconscious strategy discoveries: A microgenetic analysis. *Journal of Experimental Psychology: General, 127(4)*: 377-397.

Siegler, R. S., & K. Crowley. 1991. The microgenetic method: A direct means for studying cognitive development. *American Psychologist, 46*: 606-620.

Siegler. R. S., & M. Svetina. 2002. A microgenetic/cross-sectional study of matrix completion: Comparing short-term and long-term change. *Child Development, 73(3)*: 793-809.

Skehan, P. 1996. Framework for the implementation of task-based instruction. *Applied Linguistics, 17*: 38-62.

Skehan, P. 1998. *A Cognitive Approach to Language Learning.* Oxford: Oxford University Press.

Spada, N., & P. Lightbown. 1993. Instruction and the development of questions in the L2 classroom. *Studies in Second Language Acquisition, 15(2)*: 205-221.

Starkey, P., & R. Gelman. 1982. The development of addition and subtraction abilities prior to formal schooling in arithmetic. In T. P. Carpenter, J. M. Moser & T. A. Rombert (Eds.), *Addition and Subtraction: A Cognitive Perspective* (pp. 99-116). Hillsdale, NJ: Erlbaum.

Stern, E. 1992. Spontaneous use of conceptual mathematical knowledge in elementary school children. *Contemporary Educational Psychology, 17*: 266-277.

Stern, E. 1993. What makes certain arithmetic word problems involving comparison of sets so difficult for children? *Journal of Educational Psychology, 85*: 7-23.

Stern, E. 1997. Das Loesen mathematischer Textaufgaben: Wie Kinder lernen, was sie nicht ueben [Mathematical problem solving: How children learn what they do not practice]. In F. E. Weinert & A. Helmke (Eds.), *Entwicklung im Grundschulater.* Weinheim, Germany: Psychologie Verlags Union.

Swain, M. 1985. Communicative competence: Some roles of comprehensible input and comprehensible output in its development. In S. Gass & C. Madden (Eds.), *Input in Second Language Acquisition* (pp. 235-253). Rowley, MA: Newbury House.

Taylor, I., & M. M. Taylor. 1990. *Psycholinguistics: Learning and Using Language.* Englewood Cliffs, N. J.: Prentice Hall, Inc.

Thelen, E., & B. D. Ulrich. 1991. Hidden skills. *Monographs of the Society for Research in Child Development, 56* (Serial No. 223).

Thornton, S. 1999. Creating the conditions for cognitive change: The interaction between task structures and specific strategies. *Child Development, 70*: 599-603.

Tudge, J. 1990. Vygotsky, the zone of proximal development, and peer collaboration: Implications for classroom practice. In L. C. Moll (Ed.), *Vygotsky and Education* (pp.155-172). New York: Cambridge University Press.

Valdman, A. 2002. Introduction. *Studies in Second Language Acquisition, 24*: 141-142.

Valsiner, J. 1996. Whose mind? *Human Development, 39*: 295-300.

VanPatten, B. 1996. *Input Processing and Grammar Instruction: Theory and Research.* Ablex Publishing Corporation.

Verspoor, M., W. Lowie, & M. Van Dijk. 2008. Variability in second language development from a dynamic systems perspective. *The Modern Language Journal, 92(ii)*: 214-231.

Villamil, O. S., & M. C. M. de Guerrero. 1996. Peer revision in the L2 classroom: Social-cognitive activities, mediating strategies, and aspects of social behaior. *Journal of Second Language Writing, 5*: 51-75.

Villamil, O. S., & M. C. M. de Guerrero.1998. Assessing the impact of peer revision on L2 writing. *Applied Linguistics, 19*: 491-514.

Vygotsky, L. S. 1978. *Mind in Society: The Development of Higher Psychological Process.* Cambridge, MA: Harvard University Press.

Vygotsky, L. S. 1986. *Thought and Language* (A, Kozulin, Trans.). Cambridge, MA: MIT Press. (Original work published 1934)

Webb, S. 2006. The effects of repetition on vocabulary knowledge. *Applied Linguistics, 28(1)*: 46-65.

Wells, G. 1998. Using L1 to master L2: A response to Anton and DiCamilla's "Socio-cognitive functions of L1 collaborative interaction in the L2 classroom". *Canadian Modern Language Review, 54*: 343-353.

Wells, G. 1999. *Dialogic Inquiry: Toward a Sociocultural Practice and Theory of Education.* New York: Cambridge University Press.

Wendel, J. N. 1997. Planning and second language narrative production. Unpublished doctoral dissertation. Temple University, Japan.

Wertsch, J. V., & C. A. Stone. 1978. Microgenesis as a tool for developmental analysis. *Laboratory of Comparative Human Cognition, 1*: 8-10.

White, L. 1991. Adverb placement in second language acquisition: Some positive and negative evidence in the classroom. *Second Language Research, 7(2)*: 133-161.

Wood, D., J. S. Bruner, & G. Ross. 1976. The role of tutoring in problem solving. *Journal of Child Psychology and Psychiatry, 17*: 89-100.

Yaniv, I., & D. E. Meyer. 1987. Activation and metacognition of inaccessible stored information: Potential bases of incubation effects in problem solving. *Journal of Experimental Psychology: Learning, Memory, and Cognition, 13*: 187-205.

Zhou, Dandan. 2005. A comparative study of the effects of input frequency and output frequency on Chinese tertiary-level EFL learners' story retellings. Unpublished doctoral dissertation. Nanjing University.

Zhou, Weijing. 2006. An experimental study of task-based L2 lexical learning by English majors in a Chinese university. Unpublished doctoral dissertation. Nanjing University.

Zhu, Jing. 2003. Effects of input frequency on L2 learners' reading comprehension improvement and vocabulary learning. Unpublished BA thesis. Nanjing University.

贝晓越. 2009. 写作任务的练习效应和教师反馈对不同外语水平学生写作质量和流利度的影响. 现代外语, 32 (4)：389-398.

陈桦、孙欣平. 2010. 输入、输出频次对英语韵律特征习得的作用. 外语研究, 122 (4)：1-8.

戴劲. 2007. 输入方式、输入次数与语篇理解. 外语教学与研究, 39 (4)：285-293.

李红. 2004. 论以频率为基础的二语习得观. 重庆大学学报 (社科版), 10 (4)：93-96 转 113.

罗瑜. 2005. 频率效应在二语习得中的作用. 重庆大学学报 (社科版), 11 (1)：92-95.

文秋芳. 2001. 应用语言学研究方法与论文写作. 北京：外语教学与研究出版社.

文秋芳. 2003. 频率作用与二语习得. 外语教学与研究, 35 (2)：151-154.

文秋芳. 2003. 微变化研究法与二语习得研究. 现代外语, 26 (3)：312-317.

张文忠. 2000. 第二语言口语流利性发展的定性研究. 现代外语, 23 (3)：273-283.

周爱洁. 2002. 论 4/3/2 活动对提高英语口语流利性和准确性的影响. 外语教学, 23 (5)：78-83.

周丹丹. 2004. 练习次数对故事复述的影响. 解放军外国语学院学报, 27 (5)：41-45.

周丹丹. 2006. 输入与输出的频率效应研究. 现代外语, 29 (2)：154-163.

周卫京. 2005. 语言输入模式对口语产出的影响. 解放军外国语学院学报, 28 (6)：53-58.

致　谢

衷心感谢 Robert S. Siegler、Elsbeth Stern、Maria C. M. de Guerrero、Olga S. Villamil、朱婧同意在本书中使用其作品作为研究案例。

同时，本书为"江苏高校优势学科建设工程"及南京大学"985 工程"三期改革型项目"当代西方语言学前沿理论研究与应用探索"阶段性成果。